COLEÇÃO

COMO SER UM PROFISSIONAL

NA INTERNET

LIVRO 2

PROTEJA-SE
DAS ARMADILHAS ON-LINE

Prof. Marcão - Marcus Vinícius Pinto

Aviso de isenção de responsabilidade:

Observe que as informações contidas neste documento são apenas para fins educacionais e de entretenimento. Todos os esforços foram feitos para fornecer informações completas precisas, atualizadas e confiáveis. Nenhuma garantia de qualquer tipo é expressa ou implícita.

Ao ler este texto, o leitor concorda que, em nenhuma circunstância, os autores são responsáveis por quaisquer perdas, diretas ou indiretas, incorridas como resultado do uso das informações contidas neste livro, incluindo, mas não se limitando, a erros, omissões ou imprecisões.

ISBN: **9798329557497**

Selo editorial: Independently published

Prefácio

Bem-vindo ao LIVRO 2 - PROTEJA-SE DAS ARMADILHAS ON-LINE da coleção "Como Ser um Profissional na Internet"!

Neste livro, você encontrará a verdade nua e crua sobre o mundo digital: os perigos, as armadilhas e as estratégias para se proteger e construir um negócio on-line lucrativo e sustentável. Um guia completo para se proteger contra os perigos on-line, desde golpes e fraudes até esquemas de pirâmide, conteúdo falso, ataques cibernéticos e violações de privacidade.

Aprenda a identificar e-mails fraudulentos, sites falsos e ofertas tentadoras demais para serem verdadeiras. Desvende a natureza enganosa das promessas de enriquecimento rápido e saiba reconhecer os sinais de alerta em pirâmides financeiras.

Saiba como proteger sua reputação e evite problemas legais combatendo a disseminação de informações falsas e conteúdo plagiado, evitar impulsos e tomar decisões inteligentes analisando ofertas com atenção, desconfiando de promessas milagrosas e evitando tomar decisões precipitadas sob pressão.

E muito mais: explore outros perigos comuns no mercado digital, como phishing, spam e ransomware.

A inteligência artificial está revolucionando o mundo digital, mas também abrindo portas para golpes e fraudes mais sofisticados. Neste livro, você descobrirá como a IA está sendo utilizada para criar deepfakes realistas, ataques cibernéticos direcionados e manipulação de dados em larga escala.

Mas não se desespere! Aprenda também as melhores estratégias para se proteger dessas novas ameaças. Utilize ferramentas avançadas de segurança, técnicas de detecção de fraudes e práticas de navegação seguras para navegar na internet com tranquilidade.

Esteja sempre à frente dos golpistas e garanta sua segurança no mundo digital em constante evolução.

Nesta jornada, embarcaremos em um mergulho profundo nos bastidores do mundo digital, desvendando os perigos, custos, cancelamento e a ausência de fidelização que podem minar seu sucesso on-line.

Se você busca construir uma carreira sólida e sustentável na internet, este livro é o seu guia essencial.

Figura 1 - Seja um milionário do mundo virtual.

Com este livro, você terá acesso a estes saberes enriquecedores:

1. Como evitar as armadilhas on-line.

- Identifique os armadilhas comuns: reconheça os tipos mais frequentes de armadilhas on-line, como phishing, malware, ofertas falsas e promessas irreais de ganhos fáceis.

- Esteja atento aos sinais de alerta: desconfie de ofertas que parecem boas demais para ser verdade, solicitações de dados pessoais irrelevantes, pressão para agir rapidamente e falta de informações claras sobre produtos ou serviços.

- Proteja seus dados: utilize senhas fortes e exclusivas para cada conta on-line, evite clicar em links suspeitos, mantenha seus softwares atualizados e utilize antivírus confiável.

- Pesquise antes de agir: verifique a reputação de empresas e profissionais antes de contratar serviços ou realizar compras on-line. Leia avaliações de outros clientes e busque informações em fontes confiáveis.

- Mantenha-se informado: acompanhe as notícias e alertas sobre armadilhas on-line para se manter atualizado sobre as novas táticas utilizadas pelos criminosos.

2. Como compreender os custos reais do sucesso on-line.

- Investimento em ferramentas e softwares: considere os custos de ferramentas essenciais para o seu trabalho, como plataformas de criação de websites, softwares de edição de vídeo, ferramentas de marketing digital e serviços de hospedagem.

- Formação e desenvolvimento profissional: invista em cursos, workshops, treinamentos e materiais de estudo para aprimorar suas habilidades e se manter atualizado com as tendências do mercado digital.

- Marketing e divulgação: planeje um orçamento para marketing e divulgação do seu negócio on-line, incluindo anúncios pagos, criação de conteúdo e participação em eventos.

- Custos operacionais: inclua custos como aluguel de escritório (se necessário), internet, energia, materiais de escritório e outros gastos relacionados à operação do seu negócio.

- Impostos e taxas: mantenha-se informado sobre as obrigações fiscais e taxas relacionadas ao seu trabalho on-line para evitar problemas com a receita federal.

3. As soluções para lidar com cancelamentos e fidelizando clientes.

- Identifique as causas de cancelamento: analise os motivos que levam os clientes a cancelar seus serviços ou compras. Realize pesquisas de satisfação, monitore feedbacks e identifique áreas de melhoria.

- Ofereça um excelente atendimento ao cliente: priorize a comunicação clara, eficiente e personalizada com seus clientes. Resolva problemas com rapidez e profissionalismo, demonstre empatia e busque soluções satisfatórias para ambas as partes.

- Crie um programa de fidelização: implemente um programa de fidelização que recompense clientes recorrentes, ofereça benefícios exclusivos e promova a retenção de clientes.

- Exceda as expectativas: vá além do básico e surpreenda seus clientes com brindes, descontos exclusivos, serviços adicionais ou experiências memoráveis.

- Mantenha o engajamento: crie um relacionamento duradouro com seus clientes através de comunicação constante, envio de conteúdo relevante, promoções personalizadas e participação em eventos do setor.

4. As formas para construir um negócio on-line resiliente e lucrativo.

- Defina um nicho de mercado: identifique um nicho de mercado com potencial de crescimento e demanda, onde você possa se destacar como especialista e oferecer soluções valiosas para seus clientes.

- Crie um produto ou serviço diferenciado: ofereça produtos ou serviços que atendam às necessidades e desejos específicos do seu público-alvo, diferenciando-se da concorrência por meio da qualidade, inovação e valor agregado.

- Desenvolva uma estratégia de marketing eficaz: implemente uma estratégia de marketing direcionada para atrair o público certo, gerar leads qualificados e converter visitantes em clientes fiéis.

- Gerencie seus recursos financeiros com sabedoria: controle seus gastos, monitore seu fluxo de caixa e faça investimentos estratégicos para o crescimento do seu negócio.

- Adapte-se às mudanças do mercado: mantenha-se atualizado sobre as tendências do mercado digital, as necessidades dos seus clientes e as novas tecnologias para garantir a competitividade do seu negócio.

5. Como tornar-se um profissional altamente requisitado e confiável.

- Desenvolva habilidades essenciais: aprimore suas habilidades em áreas como marketing digital, vendas on-line, atendimento ao cliente, gestão de projetos e comunicação eficaz.

- Construa um portfólio sólido: crie um portfólio que demonstre suas habilidades, experiência e resultados alcançados em projetos anteriores.

- Obtenha certificações relevantes: busque certificações em áreas relevantes para sua área de atuação, o que comprova seu conhecimento e comprometimento com o desenvolvimento profissional.

- Desenvolva uma presença on-line positiva: crie um website profissional, mantenha perfis ativos em redes sociais relevantes e compartilhe conteúdo valioso que posicione você como autoridade no seu nicho.

- Testemunhos e reviews positivos: incentive seus clientes a deixarem depoimentos positivos sobre o seu trabalho. Avaliações favoráveis aumentam a confiança de potenciais clientes e reforçam sua reputação on-line.

- Networking e conexões profissionais: participe de eventos do setor, conecte-se com outros profissionais da sua área e construa relacionamentos que possam gerar novas oportunidades e parcerias.

- Seja ético e transparente: conduza seus negócios com ética e transparência, sempre cumprindo as promessas e respeitando os direitos dos seus clientes. A integridade profissional é fundamental para construir uma carreira sólida e de longo prazo.

Ao dominar essas estratégias e informações detalhadas neste livro, você estará bem equipado para lidar com os desafios do mercado digital, construir um negócio resiliente e lucrativo, e se destacar como um profissional altamente requisitado e confiável.

O livro, "LIVRO 2 - PROTEJA-SE DAS ARMADILHAS ON-LINE", juntamente com o curso "COMO SER UM PROFISSIONAL NA INTERNET", fornece a você uma base sólida para alcançar o sucesso na sua jornada on-line.

O curso está disponível na Hotmart e na Udemy.

Tenho certeza de que o conteúdo aqui presente pode fazer grande diferença na sua vida.

Boa leitura!
Bons aprendizados!
Ganhe muito dinheiro!

Prof. Marcão – Marcus Vinícius Pinto

Influenciador digital
especialista em empreendedorismo, Governança de Dados,
Inteligência Artificial e Arquitetura de Informação.
Fundador, CEO, professor e orientador pedagógico da
MVP Consult.

Para minha amada Andréa,
que pode não estar sempre certa,
mas tem sempre razão.

Sumário

Índice de figuras

"São os passos que fazem os caminhos."

MÁRIO QUINTANA

1   SEU NOVO LOCAL DE TRABALHO.

Os primeiros dias da maioria das revoluções tecnológicas são dominados pelos construtores, e normalmente há uma carência de conceitualização profunda e explicação lúcida. A criação da ARPAnet, a primeira encarnação da Internet, não foge a esta regra.

ARPAnet (Advanced Research Projects Agency Network, em português, Rede da Agência de Pesquisas em Projetos Avançados) foi a primeira rede de computadores, construída em 1969 como um meio robusto para transmitir dados militares sigilosos e para interligar os departamentos de pesquisa por todo os Estados Unidos.

Muitos anos se passaram antes que grandes pensadores se aprofundassem e repercutissem as implicações da revolução digital na vida de todos nós.

Figura 2 – Computadores da ARPANET.

A cada dia mais e mais pessoas buscam a Internet para informação e um contingente, crescente a cada dia, está descobrindo na grande rede uma alternativa para ganhar dinheiro. Isto mesmo!

São pessoas, que por um motivo ou por outro, buscam novas formas de obtenção da independência financeira, liberdade e flexibilidade de horário. Buscam uma oportunidade de trabalho em substituição a uma vaga perdida. Ou simplesmente uma forma de ter uma renda complementar.

Se você chegou a este livro com alguns destes objetivos, ou mesmo que os seus objetivos sejam outros, saiba que você vai encontrar aqui as 19 melhores formas para ganhar dinheiro no universo da Internet.

E não se preocupe! Eu não considero que seja necessário que você tenha grandes conhecimentos sobre tecnologia, marketing ou administração de empresas. Não há quaisquer condicionantes que não sejam sua disposição em iniciar uma carreira e trabalhar.

Estas formas de trabalho foram selecionadas, dentre várias, por serem acessíveis para a maioria das pessoas. Você vai aprender como ganhar dinheiro da sua própria casa, com seu celular ou seu computador doméstico, com ideias práticas e simples.

Mesmo que nem todas as formas se adéquem ao seu perfil, não tenho dúvidas que algumas delas serão perfeitas para você. Isso sem levar em conta que todas essas ideias de ganhar dinheiro na internet são desafiadoras, legais e honestas. Nada de pirâmide, promessas mentirosas ou coisas desse tipo.

O único requisito essencial é que você esteja disposto a trabalhar com foco e dedicação para alcançar os resultados que VOCÊ deseja.

A Internet é, atualmente, uma plataforma poderosa que vai além de nos ajudar a encontrar notícias, textos e nos conectar com amigos e entes queridos distantes.

Mais do que nunca é uma plataforma que nos permite empreender e consolidar novas carreiras. O único condicionante é que seja feito da maneira certa.

Há muitas formas de se ganhar dinheiro on-line, como marketing de afiliados, criação de lojas on-line, blogs etc. Um bom motivo para se lançar nesta empreitada é que esta pode ser sua chance de sair da corrida por uma vaga de emprego. Deixando de se submeter a entrevistas estressantes e sem esperança.

Aqui está a sua chance de buscar sua liberdade financeira e se livrar de vínculos torturantes com empregadores que mais exploram do que remuneram.

Figura 3 – A Internet é mesmo espantosa!

A Internet é hoje uma plataforma em que muitas pessoas convergem para vender sua força de trabalho. E se você está pensando em começar uma carreira on-line, então você está com material certo diante dos seus olhos!

Você há de concordar comigo que nem todo mundo precisa de um emprego dentro de um escritório para ganhar a vida. De fato, é cada vez maior a quantidade de profissionais que trabalha de casa e ganha sua vida legalmente através de conteúdo na internet. Milhares de pessoas já estão vivendo assim, seja através de seus blogs, canais de YouTube ou se tornando influencers.

A coleção "Como ser um profissional na Internet" é o principal material complementar do curso disponível nas plataformas Udemy e Hotmart. No curso, você terá acesso a videoaulas, exercícios práticos, mentorias e suporte personalizado para aprofundar seus conhecimentos e colocar em prática as estratégias apresentadas neste livro.

Você pode iniciar seu negócio da sua casa NESTE MOMENTO.

Você pode começar a faturar dinheiro a partir de agora.

Você vai ter a possibilidade de ter uma vida melhor, com menos estresse e mais liberdade.

Mesmo que nem todas estas formas se adéquem ao seu perfil, não tenho dúvidas que algumas delas serão perfeitas para você. Isso sem levar em conta, que todas essas ideias de ganhar dinheiro na internet são legais e honestas, nada de pirâmide, promessas mentirosas ou coisas desse tipo.

Lembre-se, o único requisito necessário é estar disposto a trabalhar com foco e dedicação para alcançar os resultados que você deseja.

Uma coisa interessante a se observar no mercado de trabalho é que com o passar do tempo e o avanço da tecnologia, é natural que duas situações aconteçam:

- ✓ Algumas profissões, que já existem há mais tempo, são extintas ou substituídas por máquinas.

- ✓ Surgem novas profissões e novas vagas de emprego.

Neste livro, você encontrará a verdade nua e crua sobre o mundo digital: os perigos, as armadilhas e as estratégias para se proteger e construir um negócio on-line lucrativo e sustentável.

Neste livro, você encontrará um guia completo para se proteger contra os perigos on-line, desde golpes e fraudes até esquemas de pirâmide, conteúdo falso, ataques cibernéticos e violações de privacidade.

Aprenda a identificar e-mails fraudulentos, sites falsos e ofertas tentadoras demais para serem verdadeiras. Desvende a natureza enganosa das promessas de enriquecimento rápido e saiba reconhecer os sinais de alerta em pirâmides financeiras.

Saiba como proteger sua reputação e evite problemas legais combatendo a disseminação de informações falsas e conteúdo plagiado, evitar impulsos e tomar decisões inteligentes analisando ofertas com atenção, desconfiando de promessas milagrosas e evitando tomar decisões precipitadas sob pressão.

E muito mais: explore outros perigos comuns no mercado digital, como phishing, spam e ransomware.

A inteligência artificial está revolucionando o mundo digital, mas também abrindo portas para golpes e fraudes mais sofisticados. Neste livro, você descobrirá como a IA está sendo utilizada para criar deepfakes realistas, ataques cibernéticos direcionados e manipulação de dados em larga escala.

Mas não se desespere! Aprenda também as melhores estratégias para se proteger dessas novas ameaças. Utilize ferramentas avançadas de segurança, técnicas de detecção de fraudes e práticas de navegação seguras para navegar na internet com tranquilidade.

Esteja sempre à frente dos golpistas e garanta sua segurança no mundo digital em constante evolução.

"O futuro do trabalho não é um lugar, é uma forma de trabalhar. As pessoas querem flexibilidade e autonomia, e a tecnologia está tornando isso possível."

Marissa Mayer[1]

---

[1] Marissa Mayer é uma líder experiente no mundo da tecnologia e uma defensora apaixonada do trabalho remoto. Durante seu tempo como CEO do Yahoo!, ela implementou políticas inovadoras que permitiram que mais funcionários trabalhassem remotamente. Ela também foi uma defensora do uso da tecnologia para melhorar a comunicação e a colaboração entre funcionários remotos.

2   QUE TAL SER UM PROFISSIONAL DA INTERNET?

A Internet se estabeleceu como uma plataforma poderosa que vai muito além de nos conectar com notícias, textos e pessoas distantes. Atualmente, ela se apresenta como um ambiente propício para empreendedorismo e para a consolidação de novas carreiras.

O potencial de alcance, a diversidade de possibilidades e a facilidade de acesso têm transformado a maneira como trabalhamos e nos relacionamos profissionalmente.

Nunca a oportunidade de empreender e construir uma carreira on-line foi tão evidente como nos dias atuais. No entanto, é fundamental ressaltar que o sucesso nesse ambiente competitivo requer a aplicação de estratégias corretas e eficazes.

A maneira como nos posicionamos, a qualidade do nosso trabalho, a forma como nos relacionamos com o público e a consistência em nossas ações são fatores-chave que influenciam diretamente nos resultados obtidos.

O empreendedorismo digital e a construção de carreiras on-line exigem um planejamento cuidadoso, uma compreensão profunda do mercado, a capacidade de inovação e de adaptação às mudanças constantes.

É preciso estar aberto a experimentar novas abordagens, aprender com os erros e buscar sempre aprimorar as habilidades necessárias para se destacar em um cenário tão dinâmico e desafiador.

A Internet oferece um vasto leque de oportunidades para aqueles que desejam investir em seus sonhos e projetos profissionais. Sejam freelancers, empreendedores, criadores de conteúdo, profissionais autônomos ou artistas, a possibilidade de construir uma carreira de sucesso na web está ao alcance de todos.

O segredo está em alinhar paixão, dedicação, estratégia e conhecimento técnico para se destacar em meio à concorrência e aproveitar ao máximo o potencial dessa poderosa plataforma.

Em um mundo cada vez mais conectado e digital, a Internet se apresenta como um verdadeiro terreno fértil para quem deseja explorar novas oportunidades e expandir seus horizontes profissionais. É uma via de mão dupla: ao mesmo tempo em que oferece desafios e incertezas, proporciona um ambiente de infinitas possibilidades e potencialidades a serem exploradas.

A capacidade de inovação, a criatividade e a autenticidade são aspectos valorizados nesse cenário, onde a diferenciação e a originalidade podem ser cruciais para o sucesso.

No entanto, é importante ressaltar que o caminho para o sucesso na internet não é isento de desafios. A concorrência é intensa, as exigências dos consumidores são cada vez mais elevadas e as mudanças no mercado acontecem em uma velocidade impressionante.

É por isso fundamental manter-se atualizado, buscar constantemente aprimorar suas habilidades e conhecimentos, e estar aberto a novas oportunidades e parcerias.

Figura 4 – A Internet é mesmo espantosa!

Além disso, a construção de uma carreira sólida na internet requer planejamento, disciplina e comprometimento. É essencial definir metas claras, elaborar um plano de ação consistente e manter-se focado em seus objetivos, mesmo diante das adversidades que certamente surgirão pelo caminho.

Há muitas formas de se ganhar dinheiro on-line, como marketing de afiliados, criação de lojas on-line, blogs etc. Um bom motivo para se lançar nesta empreitada é que esta pode ser sua chance de sair da corrida por uma vaga de emprego. Deixando de se submeter a entrevistas estressantes e sem esperança.

Aqui está a sua chance de buscar sua liberdade financeira e se livrar de vínculos torturantes com empregadores que mais exploram do que remuneram.

A Internet é hoje uma plataforma em que muitas pessoas convergem para vender sua força de trabalho. E se você está pensando em começar uma carreira on-line, então você está com material certo diante dos seus olhos!

Você há de concordar comigo que nem todo mundo precisa de um emprego dentro de um escritório para ganhar a vida. De fato, é cada vez maior a quantidade de profissionais que trabalha de casa e ganha sua vida legalmente através de conteúdo na internet. Milhares de pessoas já estão vivendo assim, seja através de seus blogs, canais de YouTube ou se tornando influencers.

Nesta coleção vou te orientar sobre como você pode ser uma dessas pessoas.

Você pode iniciar seu negócio da sua casa NESTE MOMENTO.

Você pode começar a faturar dinheiro a partir de agora.

Você vai ter a possibilidade de ter uma vida melhor, com menos estresse e mais liberdade.

Mesmo que nem todas estas formas se adéquem ao seu perfil, não tenho dúvidas que algumas delas serão perfeitas para você. Isso sem levar em conta, que todas essas ideias de ganhar dinheiro na internet são legais e honestas, nada de pirâmide, promessas mentirosas ou coisas desse tipo.

19 formas de ganhar dinheiro on-line que são tratadas nesta coleção:

1. Produção Digital.

2. Blogueiro.

3. Assistente virtual.

4. Editor De Vídeos.

5. Programa De Afiliados.

6. Freelancer.

7. Narração de Livros em Áudio.

8. Loja Virtual.

9. Sites de compra e venda.

10. Criador de conteúdo para Web.

11. Social Media.

12. Gestão de SEO[2].

13. Gestão de Tráfego Pago.

14. Copywriter.

15. Edição de Imagens.

16. Venda de Fotografias.

17. Professor particular on-line.

18. Dropshipping.

19. Impressão sob demanda.

Lembre-se, o único requisito necessário é estar disposto a trabalhar com foco e dedicação para alcançar os resultados que você deseja.

Uma coisa interessante a se observar no mercado de trabalho é que com o passar do tempo e o avanço da tecnologia, é natural que duas situações aconteçam:

✓ Algumas profissões, que já existem há mais tempo, são extintas ou substituídas por máquinas.

✓ Surgem novas profissões e novas vagas de emprego.

---

[2] Search Engine Optimization.

Aqui vou te apresentar e explicar o funcionamento das novas profissões para que você esteja à frente na busca por seus ganhos financeiros.

Claro que tudo envolve riscos, aprendizado, algum investimento financeiro e dedicação, mas seguindo minhas orientações e observando as dicas você tem grande chance de ser bem-sucedido.

Assim, sugiro que você estude as formas para selecionar quais te parecem mais atraentes e estude mais um pouco estas que você selecionou.

Com estas informações acredito que você terá bastante subsídio para escolher "a" forma que fará a diferença na sua vida. É com ela que você vai ganhar muito dinheiro e ser bem-sucedido.

E lembre-se, não há escolha certa ou errada. O futuro está em suas mãos.

Figura 5 – Onde estou, para onde vou?

"Para ser bem-sucedido na internet, você precisa ser focado e trabalhar com paixão, buscando sempre a inovação e o aprendizado contínuo."

Neil Patel[3]

---

[3] Neil Patel é um renomado empreendedor e especialista em marketing digital, conhecido por sua experiência em ajudar empresas a expandir suas marcas e alcançar o sucesso on-line. Suas insights e estratégias inovadoras têm inspirado milhares de profissionais a se destacarem no ambiente digital, enfatizando a importância do foco, da paixão pelo trabalho e do compromisso com a excelência para alcançar resultados significativos na internet.

3 O EMPREENDEDOR ON-LINE. CONDUZINDO NEGÓCIOS NA ERA DA INFORMAÇÃO

Vivemos em um mundo cada vez mais conectado, onde a internet se tornou uma plataforma fundamental para o comércio e o surgimento de novos modelos de negócio.

É nesse contexto que emerge a figura do empreendedor on-Line, um profissional que opera sua empresa inteira ou parcialmente no ambiente on-line.

Figura 6 – O empreendedor on-line.

3.1 MUITO ALÉM DE UM VENDEDOR ON-LINE.

Engana-se quem pensa que o empreendedor on-line se resume apenas a vender produtos pela internet.

O universo do empreendedorismo on-Line é vasto e abrange uma gama diversificada de atuação, podendo incluir:

- Criadores de cursos on-line: Profissionais que compartilham conhecimento e expertise por meio de aulas virtuais em diversas áreas.

- Assistentes virtuais: prestadores de serviços remotos que oferecem suporte administrativo, técnico ou criativo a empresas e empreendedores.

- Blogueiros e podcasters: produtores de conteúdo que utilizam seus canais para informar, entreter e engajar uma audiência específica.

- Consultores de negócios digitais: especialistas que auxiliam empresas a desenvolverem estratégias de marketing e vendas on-line.

- Desenvolvedores de aplicativos: profissionais que criam e comercializam aplicativos mobile para atender a diferentes necessidades do mercado.

- Lojas virtuais: negócios que vendem produtos físicos por meio de uma plataforma on-line, oferecendo comodidade e variedade aos consumidores.

3.2 VANTAGENS DO EMPREENDEDORISMO ON-LINE.

Comparado ao modelo tradicional de empreendedorismo, baseado em lojas físicas, o on-Line oferece diversas vantagens para quem decide iniciar seu próprio negócio:

- Baixo investimento inicial: Muitas vezes, não é necessário um aporte financeiro inicial alto. Com um computador conectado à internet, é possível começar a estruturar o seu negócio on-Line.

- Flexibilidade e autonomia: o empreendedor on-Line possui maior liberdade para gerir o seu tempo e definir o local de trabalho, possibilitando um melhor equilíbrio entre vida pessoal e profissional.

- Alcance global: o mercado on-line não possui fronteiras geográficas, permitindo que o empreendedor o alcance um público amplo e diversificado.

- Escalabilidade: os negócios digitais possuem maior facilidade para escalar suas operações, aumentando o volume de vendas sem necessariamente precisar de um grande investimento em infraestrutura física.

3.3 DESAFIOS DO EMPREENDEDORISMO ON-LINE.

Apesar das vantagens, o empreendedorismo on-Line também apresenta alguns desafios que devem ser considerados:

- Alta concorrência: o mercado on-line é altamente competitivo, exigindo estratégias diferenciadas para se destacar e conquistar a atenção do público-alvo.

- Construção de confiança: é preciso investir na construção de credibilidade e reputação on-line, uma vez que os clientes potenciais não têm contato físico com o produto ou serviço.

- Dependência da tecnologia: a continuidade do negócio está intimamente ligada ao bom funcionamento da internet e das ferramentas digitais utilizadas.

- Limites entre vida pessoal e profissional: a flexibilidade do trabalho on-line pode dificultar o estabelecimento de limites claros entre a vida pessoal e profissional.

3.4 TIPOS DE COMUNIDADES DIGITAIS.

Um dos aspectos mais interessantes do empreendedorismo on-Line é a possibilidade de criar comunidades on-line baseadas em interesses específicos. Essas comunidades se transformam em verdadeiros ecossistemas de compartilhamento de conhecimento, networking e geração de receita.

Alguns exemplos de comunidades digitais de sucesso incluem:

- Grupos de mastermind: reúnem profissionais para troca de experiências e desenvolvimento mútuo em áreas como negócios, investimentos ou desenvolvimento pessoal.

- Coaching em grupo: um coach on-line reúne um grupo de participantes para um programa de transformação em uma determinada área.

- Microcomunidades: pequenos grupos focados em temas específicos, mas com alto engajamento entre os membros.

- Comunidades de conteúdo: espaços on-line voltados para a criação e compartilhamento de conteúdo por usuários com interesses em comum.

- Comunidades de marca: fóruns on-line de fãs e usuários de uma determinada marca ou produto, promovendo a interação e o engajamento com a empresa.

Seja qual for o modelo de negócio escolhido, o empreendedor on-Line é um profissional visionário que aproveita as potencialidades da internet para criar valor, construir uma audiência fiel e conquistar o seu espaço no mercado.

"O cancelamento on-line é uma forma de punição pública que pode ter consequências graves para a vida das pessoas."

Jonathan Haidt[4]

---

[4] Psicólogo social que dedica grande parte de sua pesquisa à compreensão das bases psicológicas da moralidade e da política. Em seu livro "The Righteous Mind", ele explora as diferenças psicológicas entre grupos políticos e como essas diferenças influenciam o comportamento social.

4   DESVENDANDO OS PERIGOS DO MERCADO DIGITAL.

O mundo digital, com suas infinitas oportunidades, também apresenta riscos e perigos que podem colocar em xeque o sucesso de profissionais desavisados.

Armadilhas, fraudes e armadilhas estão cada vez mais sofisticadas, disfarçadas sob promessas tentadoras de ganhos fáceis, reconhecimento instantâneo ou soluções milagrosas para os desafios do dia a dia.

Figura 7 – Mercado digital

Neste capítulo, eu abordo as principais armadilhas que assolam o mercado digital, munindo você com as ferramentas e conhecimentos necessários para navegar com segurança e proteger seus sonhos de uma carreira on-line de sucesso.

4.1   ARMADILHAS CLÁSSICAS QUE PERSISTEM NO MUNDO DIGITAL.

Mesmo com o avanço da tecnologia, armadilhas clássicas se reinventam e continuam a enganar incautos no ambiente on-line.

É fundamental estar atento a essas táticas para não se tornar a próxima vítima:

- Phishing: e-mails ou mensagens fraudulentas que imitam a identidade de empresas ou instituições confiáveis, induzindo o usuário a fornecer dados pessoais ou bancários.

  Exemplo: um e-mail falso da sua operadora de internet informando sobre um problema na sua conta e solicitando seus dados de login para "resolver a situação".

- Falsas promessas de ganhos fáceis: anúncios e propostas que prometem lucros exorbitantes com pouco ou nenhum esforço, geralmente envolvendo investimentos duvidosos ou esquemas piramidais.

  Exemplo: um anúncio em uma rede social prometendo "R$10.000,00 por dia trabalhando em casa sem experiência".

- Ofertas irresistíveis que parecem boas demais para ser verdade: descontos inacreditáveis, produtos milagrosos e promoções exclusivas que pressionam o usuário a agir rapidamente sem tempo para pensar, geralmente mascarando produtos de baixa qualidade ou serviços inexistentes.

  Exemplo: um site oferecendo um smartphone de última geração por um preço absurdamente baixo, exigindo pagamento antecipado e sem direito a devolução.

4.2 NOVAS AMEAÇAS DIGITAIS QUE SURGEM A CADA DIA.

O mundo digital está em constante evolução, e junto com ele, surgem novas formas de armadilhas e fraudes que exploram as vulnerabilidades e a falta de conhecimento dos usuários.

É essencial se manter atualizado sobre as últimas ameaças para se proteger:

- Malware: softwares maliciosos que se infiltram em dispositivos através de links suspeitos, anexos de e-mail ou downloads não confiáveis, com o objetivo de roubar dados, espionar atividades on-line ou danificar o sistema.

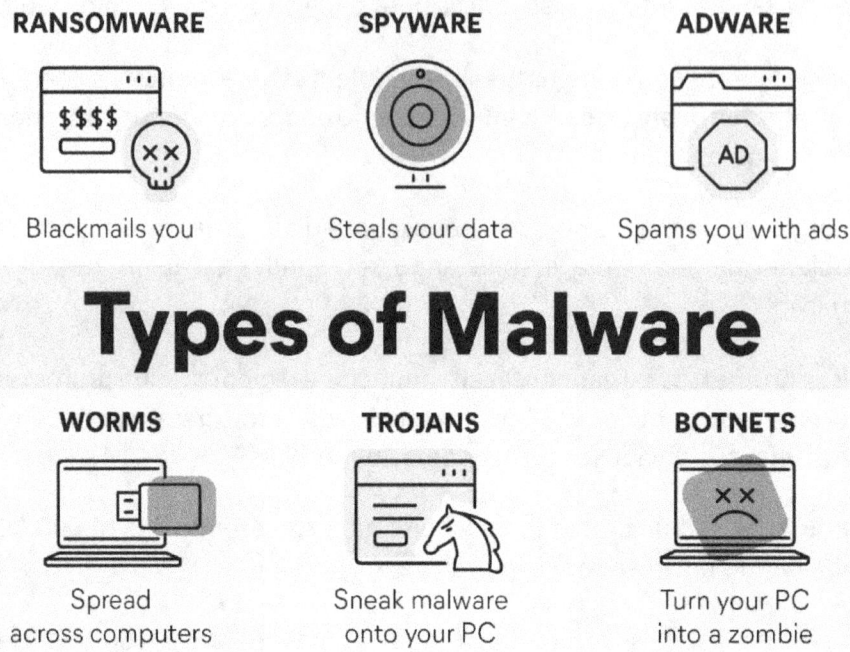

Figura 8 – Tipos de Malware.

Exemplo: um link em uma mensagem de texto que leva a um site infectado com malware, que rouba seus dados bancários ao digitar suas informações de login.

- Ataques de ransomware: softwares maliciosos que sequestram seus arquivos e exigem o pagamento de um resgate para liberá-los, geralmente em criptomoedas.

Exemplo: um ransomware que criptografa seus arquivos de trabalho, exigindo o pagamento de um bitcoin para desbloqueá-los.

- Armadilhas em redes sociais: perfis falsos que se passam por amigos, familiares ou empresas conhecidas para solicitar dinheiro, dados pessoais ou informações confidenciais.

Exemplo: um perfil falso no Facebook se passando por um amigo pedindo dinheiro para uma "emergência urgente".

- Fraudes em compras on-line: sites falsos que imitam lojas on-line confiáveis para roubar dados de cartão de crédito e realizar compras fraudulentas.

  Exemplo: um site falso que se parece com o da sua loja favorita, mas na verdade é usado para roubar seus dados de pagamento durante a compra.

4.3 DICAS ESSENCIAIS PARA PROFISSIONAIS DA INTERNET SE PROTEGER DAS ARMADILHAS.

A melhor forma de se proteger das armadilhas on-line é estar prevenido e tomar medidas proativas para garantir sua segurança.

Aqui estão algumas dicas essenciais:

- Mantenha-se informado: acompanhe notícias e alertas sobre armadilhas on-line, leia artigos sobre segurança digital e participe de cursos e workshops que abordem o tema.

- Seja cético e questionador: desconfie de ofertas que parecem boas demais para ser verdade, verifique a autenticidade de sites e perfis antes de fornecer qualquer informação pessoal ou realizar transações on-line.

- Proteja seus dados: utilize senhas fortes e exclusivas para cada conta on-line, evite clicar em links suspeitos, mantenha seus softwares atualizados e utilize antivírus confiável.

- Pesquise antes de agir: verifique a reputação de empresas e profissionais antes de contratar serviços ou realizar compras on-line. Leia avaliações de outros clientes, busque informações em sites confiáveis como o Reclame Aqui e certifique-se de que a empresa possui um CNPJ válido.

- Verifique a segurança do site: ao realizar compras on-line, certifique-se de que o site possui um certificado SSL (identificado pelo cadeado fechado na barra de endereços do navegador). Isso garante a criptografia dos seus dados durante a transmissão.

- Tenha cautela com pagamentos antecipados: evite realizar pagamentos antecipados, principalmente para serviços on-line desconhecidos. Opte por formas de pagamento que ofereçam proteção ao comprador, como o PagSeguro ou o Mercado Pago.

- Desconfie de pressão para agir rapidamente: armadilhas on-line frequentemente usam táticas de urgência para pressionar a vítima a tomar decisões precipitadas sem analisar a situação com cautela. Não se deixe levar pela pressão e tome o tempo necessário para verificar a legitimidade da oferta.

- Tenha um backup dos seus dados: faça backups regulares dos seus dados importantes (documentos, fotos, projetos) para uma unidade externa ou serviço de armazenamento em nuvem. Isso garante que você não perca seus dados caso seja vítima de um ataque de ransomware.

- Denuncie suspeitas: se suspeitar de uma tentativa de golpe on-line, denuncie o ocorrido às autoridades competentes e às plataformas onde o golpe ocorreu. Isso ajuda a proteger outros usuários e a combater a atuação dos criminosos virtuais.

4.4 QUE FAZER SE VOCÊ FOR VÍTIMA DE UMA ARMADILHA.

Infelizmente, mesmo tomando todas as precauções, é possível se tornar vítima de um golpe on-line. Caso isso aconteça, é importante agir rapidamente para minimizar os danos.

Aqui estão algumas dicas do que fazer:

- Recolha evidências: guarde todos os e-mails, mensagens, capturas de tela e outros documentos que sirvam como prova do golpe.

- Denuncie o golpe: denuncie o ocorrido às autoridades competentes, como a polícia federal ou delegacia especializada em crimes cibernéticos. Também denuncie o golpe à plataforma onde ele ocorreu (rede social, site de compras etc.).

- Bloqueie suas contas: se seus dados bancários ou de cartão de crédito foram roubados, entre em contato com o seu banco imediatamente para bloquear as contas e evitar transações fraudulentas.

- Altere suas senhas: altere as senhas de todas as contas on-line que possam ter sido comprometidas pelo golpe.

- Procure suporte especializado: em casos mais complexos, como ataques de ransomware, pode ser necessário buscar o auxílio de empresas especializadas em recuperação de dados e segurança digital.

Observe que a melhor forma de combater as armadilhas on-line é a prevenção. Ao adotar as dicas deste capítulo e se manter atualizado sobre as novas ameaças digitais, você estará mais bem equipado para proteger sua carreira on-line e construir um futuro promissor no mundo digital.

4.5   A INTELIGÊNCIA ARTIFICIAL E OS ARMADILHAS ON-LINE.

A inteligência artificial (IA) está revolucionando diversos setores, trazendo avanços significativos em áreas como saúde, finanças, transporte e marketing.

No entanto, essa tecnologia também apresenta desafios e riscos que precisam ser considerados, principalmente no que diz respeito à segurança on-line.

4.5.1   GOLPES E FRAUDES POTENCIALIZADOS PELA IA.

A sofisticação da IA abre portas para novas formas de armadilhas e fraudes on-line, com maior potencial de causar danos e enganar vítimas.

Alguns exemplos preocupantes incluem:

- Deepfakes: vídeos e áudios manipulados com IA para criar conteúdo falso ou enganoso, como imitar a voz de autoridades ou celebridades para realizar armadilhas financeiras ou espalhar desinformação.

  Exemplo: um vídeo deepfake com a voz do CEO de uma empresa solicitando transferências bancárias urgentes para uma conta fraudulenta.

- Ataques cibernéticos automatizados: IA pode ser usada para automatizar ataques cibernéticos, como phishing, malware e ransomware, tornando-os mais eficientes e difíceis de detectar.

  Exemplo: um bot de IA que envia e-mails de phishing personalizados para cada vítima, aumentando as chances de sucesso do golpe.

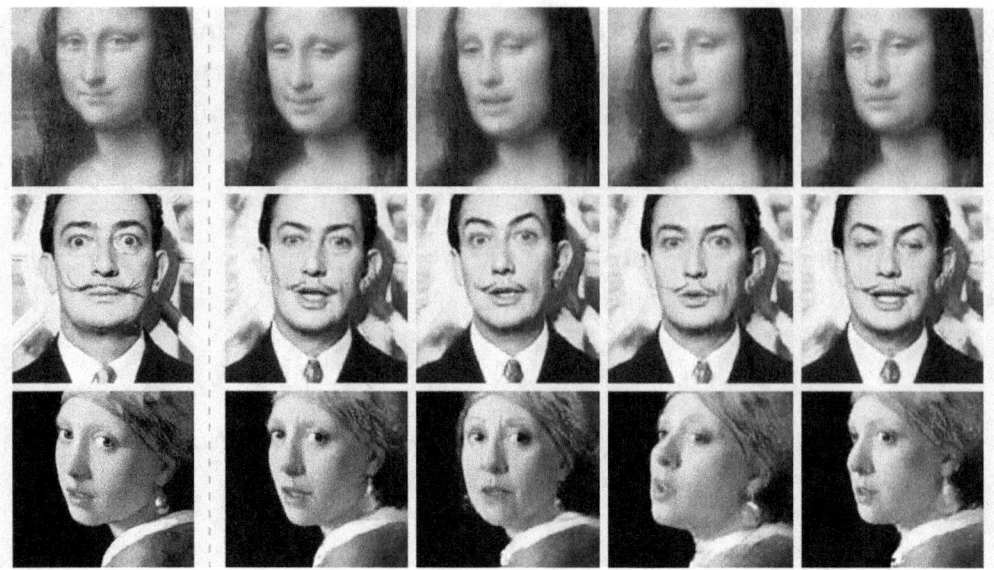

Figura 9 – Exemplos de geração de Deepfake.

- Criação de conteúdo falso em massa: IA pode ser usada para gerar conteúdo falso em grande escala, como notícias falsas, perfis falsos em redes sociais e avaliações de produtos fraudulentas, com o objetivo de manipular a opinião pública e prejudicar empresas ou indivíduos.

  Exemplo: um robô de IA que gera notícias falsas sobre um candidato político, espalhando informações negativas para influenciar o resultado de uma eleição.

- Fraudes em seguros: IA pode ser usada para analisar dados de sinistros e identificar padrões fraudulentos, ajudando as companhias de seguros a detectar e evitar pagamentos indevidos.

  Exemplo: um algoritmo de IA que analisa fotos de acidentes de carro e identifica possíveis fraudes, como fotos adulteradas ou carros danificados em situações não relacionadas ao acidente.

4.5.2 IMPACTOS NEGATIVOS DAS ARMADILHAS POTENCIALIZADAS PELA IA.

As armadilhas e fraudes on-line potencializadas pela IA podem ter diversos impactos negativos, tanto para indivíduos quanto para empresas:

- Perdas financeiras: vítimas de armadilhas podem sofrer perdas financeiras significativas, tendo dinheiro roubado de suas contas bancárias, cartões de crédito ou investimentos.

- Danos à reputação: empresas podem ter sua reputação prejudicada por armadilhas que utilizam sua marca ou imagem de forma fraudulenta.

- Perda de confiança: a proliferação de armadilhas on-line pode levar à perda de confiança dos consumidores em relação às transações on-line, prejudicando o comércio eletrônico e outros setores que dependem da internet.

- Erros judiciais: o uso de IA em armadilhas pode dificultar a investigação e punição dos criminosos, além de aumentar o risco de erros judiciais.

4.5.3 SOLUÇÕES E ESTRATÉGIAS PARA COMBATER AS ARMADILHAS POTENCIALIZADAS PELA IA.

Apesar dos desafios, existem diversas soluções e estratégias que podem ser utilizadas para combater as armadilhas on-line potencializados pela IA:

- Desenvolvimento de ferramentas de detecção: investimento em pesquisa e desenvolvimento de ferramentas que utilizem IA para detectar e prevenir armadilhas on-line, como análise de padrões de comportamento, identificação de conteúdo falso e monitoramento de atividades suspeitas.

- Exemplo: uma ferramenta de IA que analisa e-mails em massa e identifica aqueles com alto risco de serem phishing, alertando os usuários antes que eles abram os e-mails.

- Educação e conscientização: campanhas de educação e conscientização para o público em geral sobre os riscos das armadilhas on-line potencializados pela IA ensinando as pessoas a identificar e evitar essas táticas fraudulentas.

- Exemplo: palestras e workshops em escolas, empresas e comunidades sobre como identificar deepfakes, verificar a autenticidade de notícias on-line e proteger seus dados pessoais.

- Cooperação entre empresas e governos: estabelecimento de parcerias entre empresas e governos para compartilhar informações sobre armadilhas on-line, desenvolver ferramentas de combate à fraude e fortalecer a legislação para punir os crimes cibernéticos.

  Exemplo: uma plataforma on-line onde empresas e autoridades podem compartilhar informações sobre armadilhas em andamento, alertando outras empresas e consumidores sobre os riscos.

- Investimento em segurança cibernética: empresas devem investir em medidas de segurança cibernética robustas para proteger seus sistemas e dados contra ataques cibernéticos automatizados e outras ameaças on-line.

  Exemplo: implementação de firewalls de última geração, sistemas de detecção de intrusão e criptografia de dados para proteger as informações da empresa.

4.5.4   O FUTURO DA IA E A SEGURANÇA ON-LINE.

O embate entre a inteligência artificial e as armadilhas on-line é uma batalha contínua, com ambos os lados se adaptando e evoluindo constantemente.

É crucial estar preparado para os desafios do futuro:

- Corrida armamentista tecnológica: é provável que haja uma corrida armamentista tecnológica entre desenvolvedores de IA para fins de segurança e criminosos que utilizam a IA para aplicar armadilhas.

- Regulação e ética na IA: o desenvolvimento e uso da IA precisarão ser acompanhados de regulamentações e debates éticos para garantir que esta tecnologia seja usada de forma responsável e não prejudique a segurança on-line.

- IA explicável e transparente: precisamos de IA explicável e transparente, onde possamos entender como a tecnologia toma decisões e identifica padrões para garantir que não haja vieses ou falhas que possam ser exploradas por criminosos.

- Educação continuada: a educação e conscientização sobre IA e armadilhas on-line precisarão ser processos contínuos, acompanhando a evolução da tecnologia e as novas táticas utilizadas pelos criminosos.

- Conscientização crítica: é fundamental desenvolver habilidades de pensamento crítico para analisar informações on-line, questionar a origem do conteúdo e não confiar cegamente em tudo o que vemos na internet.

A inteligência artificial é uma ferramenta poderosa com grande potencial para o bem. No entanto, é preciso reconhecer os riscos que ela apresenta no que diz respeito à segurança on-line.

Ao combinar o desenvolvimento responsável da IA, a implementação de medidas de segurança robustas, a educação e conscientização do público, e a colaboração entre empresas e governos, podemos criar um ambiente digital mais seguro para todos.

Profissionais da internet, estejam sempre atentos às novidades e ameaças relacionadas à IA. Mantenham-se atualizados, adotem boas práticas de segurança e contribuam para um ecossistema on-line mais confiável.

Tenha sempre em mente que a vigilância e a educação são os nossos melhores aliados na luta contra as armadilhas virtuais.

"Ser seu próprio patrão significa ser responsável por tudo. Você precisa usar todos os seus talentos e habilidades para ter sucesso."

Barbara Corcoran[5]

[5] Empresária de sucesso e investidora do programa Shark Tank. Ela tem ampla experiência em iniciar e administrar negócios e sabe em primeira mão os desafios e oportunidades do autoemprego.

5 AS ARMADILHAS.

Diante da abundância de informações on-line, nem sempre é fácil discernir o que é verdade e o que é mito. Para tomar decisões conscientes sobre sua carreira on-line, é fundamental buscar informações confiáveis em fontes renomadas, como sites de empresas sérias, blogs de profissionais experientes e cursos on-line de qualidade.

1. Pesquise e verifique.

   Não acredite em tudo que você lê ou ouve on-line. Faça sua própria pesquisa sobre as oportunidades de trabalho, as empresas que oferecem vagas, e as habilidades e qualificações necessárias.

   Verifique a reputação de empresas e profissionais on-line através de sites de reclamação e fóruns especializados.

2. Desconfie de promessas mirabolantes.

   Se algo parece bom demais para ser verdade, provavelmente é. Evite esquemas de enriquecimento rápido e promessas de ganhos exorbitantes sem esforço.

3. Confie na sua intuição.

   Se algo lhe parece suspeito, provavelmente está. Use seu bom senso e desconfie de propostas que pressionam você a tomar decisões precipitadas ou a investir grandes quantias de dinheiro sem garantias.

4. Converse com profissionais experientes.

   Busque conversar com pessoas que já trabalham on-line na área que lhe interessa. Eles poderão compartilhar suas experiências, dar dicas valiosas e esclarecer dúvidas sobre o dia a dia do trabalho on-line.

5. Invista em conhecimento.

   O mercado on-line valoriza a qualificação. Invista em cursos on-line, workshops e treinamentos para desenvolver as habilidades e conhecimentos necessários para a área que você deseja seguir.

6. Não acredite em promessas milagrosas elas o levarão à ruína.

   O mundo on-Line, com suas promessas de liberdade, flexibilidade e ganhos exorbitantes, se tornou um terreno fértil para o surgimento de armadilhas e promessas mirabolantes que exploram a ambição e o desejo de muitas pessoas por um futuro próspero e sem esforço.

   Entre as iscas mais comuns estão os anúncios que prometem "ganhar 1 milhão em uma semana com e-books simples e sem propaganda" ou "monetizar canais no YouTube em apenas alguns dias".

Ao buscar ativamente informações confiáveis, desconfiar de promessas mirabolantes, seguir sua intuição, trocar experiências com outros profissionais e investir em conhecimento, você estará mais bem equipado para navegar com segurança no mar de informações da internet e tomar decisões conscientes sobre sua carreira on-line.

Lembre-se, as armadilhas sedutoras que afirmam que é fácil ganhar muito dinheiro devem ser identificadas e evitas.

O sucesso é fruto de dedicação, trabalho duro, busca constante por conhecimento e a capacidade de se adaptar a um ambiente dinâmico e em constante evolução.

Ao desmistificar as armadilhas que cercam o trabalho on-line e se munir das ferramentas certas, você abrirá caminho para uma carreira gratificante e cheia de possibilidades no próspero mundo on-Line.

Embora a ideia de alcançar o sucesso rápido e sem trabalho árduo seja tentadora, é crucial analisar essas promessas com ceticismo e discernimento. Acreditar em tais falácias pode levar a consequências devastadoras, como perda de tempo, dinheiro e até mesmo danos à sua reputação on-line.

5.1 PRODUTOR ON-LINE - A PROMESSA MILIONÁRIA QUE ESCONDE ARMADILHAS E DESILUSÕES.

A promessa de se tornar um "Produtor On-line", ou produtor de conteúdo digial, de sucesso e alcançar a liberdade financeira se torna cada vez mais atraente. Imagens de laptops em praias paradisíacas, jornadas de trabalho flexíveis e renda passiva farta inundam as redes sociais, capturando a atenção de muitos em busca de uma vida profissional mais gratificante.

Mas será que essa promessa milionária é realmente alcançável para todos? A verdade é que, por trás da fachada de glamour e sucesso, a realidade do mercado de produção on-line esconde armadilhas e consequências que podem levar à frustração e até mesmo ao endividamento.

Figura 10 – Produtor on-line.

5.1.1   AS ARMADILHAS ESCONDIDAS NA JORNADA DO PRODUTOR ON-LINE.

1. A Ilusão da Facilidade e do Sucesso Rápido.

Muitos cursos e treinamentos on-line prometem fórmulas mágicas e resultados instantâneos para quem deseja se tornar um Produtor On-line.

Essa falsa crença de que basta seguir um passo a passo para alcançar o sucesso leva muitos iniciantes a investirem tempo e dinheiro em materiais e ferramentas sem se dedicar ao aprendizado profundo e à construção de uma base sólida de conhecimento.

2. A Falta de Clareza sobre o Nicho e o Público-Alvo.

Definir um nicho de mercado e um público-alvo específico é fundamental para o sucesso de qualquer negócio on-line.

No entanto, muitos produtores iniciantes se lançam em projetos sem clareza sobre quem desejam alcançar e quais problemas seus produtos ou serviços visam resolver.

Essa falta de foco resulta em conteúdos genéricos e sem impacto, dificultando a atração de clientes e a geração de renda.

3. A Supervalorização das Ferramentas e a Subestimação do Conteúdo.

O mercado de produção on-line está saturado de ferramentas e plataformas promissoras, mas a verdadeira chave para o sucesso reside na qualidade do conteúdo oferecido.

Investir em ferramentas sem se dedicar à criação de conteúdo relevante, engajador e que atenda às necessidades do público-alvo é como construir um castelo de areia. sem base sólida, a estrutura desmorona com facilidade.

4. A Ignorância dos Desafios e da Curva de Aprendizado.

A jornada de um Produtor On-line é repleta de desafios e exige dedicação, persistência e disciplina.

A falsa crença de que o sucesso vem da noite para o dia leva muitos iniciantes a desistirem ao se depararem com as dificuldades inerentes ao processo, como a necessidade de aprender novas habilidades, lidar com críticas e rejeições e se adaptar às constantes mudanças do mercado.

5.1.2   CONSEQUÊNCIAS DE SER VÍTIMA DAS ARMADILHAS NAS ARMADILHAS:

1. Frustração e Desmotivação.

Ao se depararem com a realidade do mercado e com as dificuldades da jornada de um produtor on-line, muitos iniciantes se sentem frustrados e desmotivados.

A falsa promessa de sucesso rápido gera expectativas irreais que, quando não correspondidas, podem levar à desmotivação e até mesmo à depressão.

2. Perda de Tempo e Dinheiro.

Investir em cursos, ferramentas e plataformas sem um planejamento adequado e sem se dedicar ao aprendizado profundo pode levar à perda significativa de tempo e dinheiro.

Essa situação pode comprometer as finanças pessoais e gerar ainda mais frustração e desmotivação.

3. Dificuldades em Encontrar um Emprego.

Ao se dedicar exclusivamente à produção on-line sem sucesso, muitos indivíduos se veem diante da dificuldade de encontrar um novo emprego, já que as habilidades adquiridas podem não ser facilmente transferíveis para outras áreas profissionais.

4. Danos à Reputação On-line.

A criação de conteúdo de baixa qualidade ou a utilização de práticas antiéticas de marketing podem prejudicar a reputação on-line do Produtor, dificultando ainda mais seus esforços para alcançar o sucesso.

5.1.3   ESTATÍSTICAS REVELADORAS. AS VÍTIMAS DA ARMADILHA.

- 70% dos produtores on-line falham em seus primeiros 12 meses de atuação. (Fonte: Hotmart)

- Apenas 5% dos produtores on-line alcançam a renda passiva desejada. (Fonte: Udemy)

- Mais de 80% do conteúdo on-line é considerado irrelevante e de baixa qualidade. (Fonte: Content Marketing Institute)

Ser um profissional bem-sucedido exige mais do que apenas seguir promessas milionárias e fórmulas mágicas. É fundamental ter uma visão realista do mercado, se dedicar ao aprendizado contínuo, desenvolver habilidades relevantes e construir uma base sólida de conhecimento.

Tenha sempre em mente que o sucesso na produção on-line não é um destino, mas sim uma jornada árdua e recompensadora para aqueles que se dedicam com paixão.

5.2 BLOGUEIRO. A JORNADA ILUSÓRIA DA FAMA E RIQUEZA QUE ESCONDE ARMADILHAS E DESILUSÕES

No mundo digital, onde a informação flui em um ritmo acelerado, a figura do "Blogueiro" se destaca como uma voz influente e uma fonte de conhecimento para milhões de pessoas.

Imagens de viagens exóticas, trabalho em home office e renda passiva farta inundam as redes sociais, inspirando muitos a embarcar na jornada de criar um blog e alcançar o sucesso on-line.

Figura 11 – Blogueiro.

Mas será que essa vida de blogueiro de sucesso é realmente acessível para todos? A verdade é que, por trás da cortina de glamour e reconhecimento, a realidade do mundo dos blogs esconde armadilhas e consequências que podem levar à frustração, ao esgotamento e até mesmo ao abandono do sonho.

5.2.1 AS ARMADILHAS ESCONDIDAS NA JORNADA DO BLOGUEIRO.

1. A Ilusão da Facilidade e do Sucesso Rápido.

Muitos cursos e treinamentos on-line prometem fórmulas mágicas e resultados instantâneos para quem deseja se tornar um blogueiro de sucesso.

Essa falsa crença de que basta seguir um passo a passo e publicar conteúdos regularmente para alcançar a fama e a fortuna leva muitos iniciantes a investirem tempo e dinheiro em materiais e ferramentas sem se dedicar ao aprendizado profundo e à construção de uma base sólida de conhecimento.

2. A Falta de Clareza sobre o Nicho e o Público-Alvo.

Definir um nicho de mercado e um público-alvo específico é fundamental para o sucesso de qualquer blog.

No entanto, muitos blogueiros iniciantes se lançam na criação de conteúdo sem clareza sobre quem desejam alcançar e quais problemas seus blogs visam resolver.

Essa falta de foco resulta em conteúdos genéricos e sem impacto, dificultando a atração de leitores e a construção de uma comunidade engajada.

3. A Supervalorização da Quantidade e a Subestimação da Qualidade.

O mercado de blogs está saturado de conteúdo, mas a verdadeira chave para o sucesso reside na qualidade do material oferecido.

Investir em ferramentas de SEO e na produção de grande quantidade de posts sem se dedicar à criação de conteúdo relevante, informativo e bem escrito é como construir uma casa de cartas. Sem base sólida, a estrutura desmorona com facilidade.

4. A Ignorância dos Desafios e da Curva de Aprendizado.

A jornada de um blogueiro de sucesso é repleta de desafios e exige dedicação, persistência e disciplina.

A falsa crença de que o sucesso vem da noite para o dia leva muitos iniciantes a desistirem ao se depararem com as dificuldades inerentes ao processo, como a necessidade de aprender novas habilidades, lidar com críticas e rejeições e se adaptar às constantes mudanças do mercado digital.

5.2.2   CONSEQUÊNCIAS DE SER VÍTIMA DAS ARMADILHAS NAS ARMADILHAS.

1. Frustração e Desmotivação.

Ao se depararem com a realidade do mercado e com as dificuldades da jornada de um blogueiro, muitos iniciantes se sentem frustrados e desmotivados.

A falsa promessa de sucesso rápido gera expectativas irreais que, quando não correspondidas, podem levar à desmotivação e até mesmo à depressão.

2. Perda de Tempo e Dinheiro.

Investir em cursos, ferramentas e plataformas de blog sem um planejamento adequado e sem se dedicar ao aprendizado profundo pode levar à perda significativa de tempo e dinheiro.

Essa situação pode comprometer as finanças pessoais e gerar ainda mais frustração e desmotivação.

3. Dificuldades em Encontrar um Emprego.

Ao se dedicar exclusivamente à carreira de blogueiro sem sucesso, muitos indivíduos se veem diante da dificuldade de encontrar um novo emprego, já que as habilidades adquiridas podem não ser facilmente transferíveis para outras áreas profissionais.

4. Danos à Reputação On-line.

A criação de conteúdo de baixa qualidade ou a utilização de práticas antiéticas de SEO podem prejudicar a reputação on-line do blogueiro, dificultando ainda mais seus esforços para alcançar o sucesso.

5.2.3   ESTATÍSTICAS REVELADORAS. AS VÍTIMAS DA ARMADILHA.

- Apenas 8% dos blogs conseguem gerar renda passiva. (Fonte: Problogger)

- Mais de 70% dos blogs são abandonados em menos de dois anos. (Fonte: HubSpot)

- O tempo médio para um blog alcançar 10.000 leitores orgânicos por mês é de 18 meses. (Fonte: Backlinko)

Ser um profissional bem-sucedido exige mais do que apenas seguir promessas milionárias e fórmulas mágicas. É fundamental ter uma visão realista do mercado, se dedicar ao aprendizado contínuo, desenvolver habilidades relevantes e construir uma base sólida de conhecimento.

5.3 ASSISTENTE VIRTUAL -A PROMESSA FLEXÍVEL DE LIBERDADE QUE ESCONDE ARMADILHAS E DESAFIOS

No mundo dinâmico do trabalho on-line, a figura do "Assistente Virtual" se destaca como uma solução promissora para quem busca flexibilidade, autonomia e a oportunidade de trabalhar em qualquer lugar do mundo.

Imagens de home offices paradisíacos, horários flexíveis e renda atraente inundam as redes sociais, capturando a atenção de muitos em busca de uma vida profissional mais gratificante.

Figura 12 – Assistente virtual.

Mas será que essa promessa de liberdade e sucesso como Assistente Virtual é realmente alcançável para todos?

A verdade é que, por trás da fachada de flexibilidade e conveniência, a realidade da carreira de Assistente Virtual esconde armadilhas e desafios que podem levar à frustração, à instabilidade financeira e até mesmo ao burnout.

5.3.1   AS ARMADILHAS ESCONDIDAS NA JORNADA DO ASSISTENTE VIRTUAL.

1. A Ilusão da Facilidade e do Sucesso Rápido.

Muitos cursos e treinamentos on-line prometem fórmulas mágicas e resultados instantâneos para quem deseja se tornar um Assistente Virtual de sucesso.

Essa falsa crença de que basta seguir um passo a passo e se cadastrar em plataformas on-line para começar a trabalhar leva muitos iniciantes a investirem tempo e dinheiro em materiais e ferramentas sem se dedicar ao aprendizado profundo e à construção de uma base sólida de conhecimento e habilidades.

2. A Falta de Clareza sobre o Nicho e as Habilidades Necessárias.

Ser um Assistente Virtual de sucesso exige mais do que apenas ter acesso à internet e um computador.

É fundamental definir um nicho de mercado e desenvolver as habilidades específicas para atender às demandas dos seus clientes. No entanto, muitos iniciantes se lançam na carreira sem clareza sobre as suas áreas de expertise e sem um plano de desenvolvimento de habilidades, o que pode levar à dificuldade em encontrar clientes e à frustração profissional.

3. A Desvalorização do Trabalho e a Busca por Clientes Baratos.

A precificação inadequada dos serviços é um dos principais desafios enfrentados pelos Assistentes Virtuais.

A busca por clientes a qualquer custo, muitas vezes aceitando contratos com valores baixos e condições precárias de trabalho, leva à desvalorização da profissão e à dificuldade de construir uma carreira sustentável.

4. A Falta de Organização e Gestão do Tempo.

Trabalhar de forma autônoma e gerenciar diversos clientes ao mesmo tempo exige organização, disciplina e excelentes habilidades de gestão de tempo.

No entanto, muitos Assistentes Virtuais iniciantes se veem sobrecarregados com tarefas, acumulando atrasos e comprometendo a qualidade do seu trabalho e a satisfação dos seus clientes.

5.3.2   CONSEQUÊNCIAS DE SER VÍTIMA DAS ARMADILHAS NAS ARMADILHAS.

1. Frustração e Desmotivação.

Ao se depararem com a realidade do mercado e com os desafios da carreira de Assistente Virtual, muitos iniciantes se sentem frustrados e desmotivados. A falsa promessa de sucesso rápido gera expectativas irreais que, quando não correspondidas, podem levar à desmotivação e até mesmo ao abandono da profissão.

2. Instabilidade Financeira e Dificuldades em Alcançar Renda Desejada.

A precificação inadequada dos serviços, a dificuldade em encontrar clientes e a alta competitividade do mercado podem levar à instabilidade financeira e à dificuldade em alcançar a renda desejada. Muitos Assistentes Virtuais se veem trabalhando longas horas por valores baixos, o que compromete a qualidade de vida e gera insatisfação profissional.

3. Burnout e Dificuldades em Manter a Saúde Mental.

A sobrecarga de trabalho, a falta de organização e a pressão para atender às demandas dos clientes de forma impecável podem levar ao burnout, um estado de esgotamento físico, mental e emocional.

A saúde mental dos Assistentes Virtuais deve ser priorizada, mas nem sempre recebe a devida atenção, o que pode gerar consequências graves para a vida pessoal e profissional.

4. Danos à Reputação On-line.

A entrega de trabalho de baixa qualidade, o descumprimento de prazos e a má comunicação com os clientes podem prejudicar a reputação on-line do Assistente Virtual, dificultando ainda mais a prospecção de novos clientes e a construção de uma carreira sólida.

5.3.3   ESTATÍSTICAS REVELADORAS. AS VÍTIMAS DAS ARMADILHAS.

- Apenas 30% dos Assistentes Virtuais conseguem alcançar a renda desejada em seus primeiros 12 meses de atuação. (Fonte: Indeed)

- Mais de 50% dos Assistentes Virtuais abandonam a profissão em menos de dois anos. (Fonte: Upwork)

- 75% dos Assistentes Virtuais relatam sofrer de estresse e ansiedade relacionados ao trabalho. (Fonte: FlexJobs)

Tenha em mente que ser um Assistente Virtual de sucesso exige dedicação, organização e investimento contínuo em aprendizado.

A jornada pode ser desafiadora, mas também oferece flexibilidade, autonomia e a possibilidade de construir uma carreira gratificante. Tenha foco, persistência e valorize o seu trabalho para alcançar o sucesso no mundo digital.

5.4 EDITOR DE VÍDEOS. A ILUSÃO DO SUCESSO INSTANTÂNEO QUE ESCONDE ARMADILHAS E DESAFIOS

No mundo dinâmico da internet, a figura do "Editor de Vídeos" se destaca como uma peça fundamental na criação de conteúdo visual atraente e engajador.

Imagens de edições impecáveis, trabalhos em home offices paradisíacos e alta demanda por parte de empresas e influenciadores digitais inundam as redes sociais, capturando a atenção de muitos em busca de uma carreira promissora e lucrativa.

Figura 13 – Editor de vídeos.

Mas será que essa promessa de sucesso e liberdade como Editor de Vídeos é realmente alcançável para todos?

A verdade é que, por trás da fachada de criatividade e reconhecimento, a realidade da carreira de Editor de Vídeos esconde armadilhas e desafios que podem levar à frustração, à instabilidade financeira e até mesmo ao burnout.

AS ARMADILHAS ESCONDIDAS NA JORNADA DO EDITOR DE VÍDEOS.

1. A Ilusão da Facilidade e do Sucesso Rápido.

Muitos cursos e treinamentos on-line prometem fórmulas mágicas e resultados instantâneos para quem deseja se tornar um Editor de Vídeos de sucesso.

Essa falsa crença de que basta seguir um passo a passo e dominar ferramentas de edição para começar a trabalhar leva muitos iniciantes a investirem tempo e dinheiro em materiais e ferramentas sem se dedicar ao aprendizado profundo e à construção de uma base sólida de conhecimento e habilidades.

2. A Falta de Clareza sobre o Nicho e as Habilidades Necessárias.

Ser um Editor de Vídeos de sucesso exige mais do que apenas ter acesso a um computador e softwares de edição.

É fundamental definir um nicho de mercado e desenvolver as habilidades específicas para atender às demandas dos seus clientes.

No entanto, muitos iniciantes se lançam na carreira sem clareza sobre as suas áreas de expertise e sem um plano de desenvolvimento de habilidades, o que pode levar à dificuldade em encontrar clientes e à frustração profissional.

3. A Desvalorização do Trabalho e a Busca por Clientes Baratos.

A precificação inadequada dos serviços é um dos principais desafios enfrentados pelos Editores de Vídeos.

A busca por clientes a qualquer custo, muitas vezes aceitando contratos com valores baixos e condições precárias de trabalho, leva à desvalorização da profissão e à dificuldade de construir uma carreira sustentável.

4. A Pressão por Prazos Incompatíveis e a Falta de Reconhecimento.

A indústria de produção de vídeos é conhecida por seus prazos apertados e exigências rigorosas.

Editores de Vídeos frequentemente se veem pressionados a entregar trabalhos complexos em curtos períodos de tempo, sem o devido reconhecimento por seu esforço e dedicação. Essa situação pode levar ao estresse, à sobrecarga de trabalho e ao burnout.

5.4.1   CONSEQUÊNCIAS DE SER VÍTIMA DAS ARMADILHAS NAS ARMADILHAS.

1. Frustração e Desmotivação.

Ao se depararem com a realidade do mercado e com os desafios da carreira de Editor de Vídeos, muitos iniciantes se sentem frustrados e desmotivados.

A falsa promessa de sucesso rápido gera expectativas irreais que, quando não correspondidas, podem levar à desmotivação e até mesmo ao abandono da profissão.

2. Instabilidade Financeira e Dificuldades em Alcançar Renda Desejada.

A precificação inadequada dos serviços, a dificuldade em encontrar clientes e a alta competitividade do mercado podem levar à instabilidade financeira e à dificuldade em alcançar a renda desejada.

Muitos Editores de Vídeos se veem trabalhando longas horas por valores baixos, o que compromete a qualidade de vida e gera insatisfação profissional.

3. Burnout e Dificuldades em Manter a Saúde Mental.

A sobrecarga de trabalho, os prazos apertados e a pressão por resultados impecáveis podem levar ao burnout, um estado de esgotamento físico, mental e emocional.

A saúde mental dos Editores de Vídeos deve ser priorizada, mas nem sempre recebe a devida atenção, o que pode gerar consequências graves para a vida pessoal e profissional.

4. Danos à Reputação On-line.

A entrega de trabalho de baixa qualidade, o descumprimento de prazos e a má comunicação com os clientes podem prejudicar a reputação on-line do Editor de Vídeos, dificultando ainda mais a prospecção de novos clientes e a construção de uma carreira sólida.

5.4.2   ESTATÍSTICAS REVELADORAS. AS VÍTIMAS DA ARMADILHA.

- Apenas 25% dos Editores de Vídeos iniciantes conseguem alcançar a renda desejada em seus primeiros 12 meses de atuação. (Fonte: Indeed)

- Mais de 40% dos Editores de Vídeos abandonam a profissão em menos de dois anos. (Fonte: Upwork)

- 68% dos Editores de Vídeos.

- Além da Fachada do Glamour.

Superadas as armadilhas e compreendidas as dificuldades, fica a questão: como trilhar o caminho para se tornar um Editor de Vídeos de sucesso?

Aqui estão alguns passos que podem te auxiliar nessa jornada:

1. Invista em Autoconhecimento e Defina seu Nicho.

Conheça suas habilidades, pontos fortes e áreas de interesse dentro da edição de vídeos. Analise o mercado e defina um nicho onde você possa agregar valor e se destacar.

É mais vantajoso se especializar em um tipo específico de conteúdo, como vídeos promocionais, documentários, edições para YouTube ou redes sociais, do que tentar ser generalista.

2. Desenvolva as Habilidades Técnicas e Soft Skills.

- Não espere que a vida profissional seja seu mestre. Invista em cursos, workshops e treinamentos on-line para dominar softwares de edição como Adobe Premiere Pro, After Effects ou DaVinci Resolve.

- Mas conhecer a técnica não é solução para tudo. Desenvolva também habilidades interpessoais como comunicação assertiva, gestão de tempo, negociação e a capacidade de traduzir a visão do cliente em um produto final de qualidade.

3. Construa Seu Portfólio e Rede de Contatos.

- Mesmo que ainda não tenha clientes pagantes, comece a construir seu portfólio.

- Ofereça serviços gratuitos ou a preços promocionais para adquirir experiência e demonstrar sua competência.

- Crie um website ou canal on-line para expor seus melhores trabalhos.

- Participe de comunidades on-line de editores, conecte-se com produtores de vídeo, influencers e potenciais clientes e busque parcerias estratégicas.

4. Estabeleça Preços Justos e Valorize seu Trabalho.

- Pesquise o mercado e defina preços justos para seus serviços que valorizem sua expertise e o tempo dedicado aos projetos. Não tenha medo de negociar, mas evite a precificação predatória que desvaloriza a profissão.

- Tenha um contrato bem elaborado que proteja ambas as partes e garanta o pagamento pelos serviços prestados.

5. Gerencie seu Tempo com Eficiência e Defina Limites.

- Estabeleça rotinas de trabalho, use ferramentas de calendário e organização para gerenciar seus projetos e prazos. Aprenda a dizer não para clientes que demandam demais ou oferecem condições insustentáveis.

- É fundamental separar o trabalho da vida pessoal para evitar o esgotamento e cuidar da sua saúde mental.

6. Invista em Aprendizado Contínuo e Acompanhe as Tendências.

- O mundo da edição de vídeos é dinâmico e está em constante evolução. Mantenha-se atualizado participando de webinars, workshops e conferências.

- Leia blogs e artigos especializados para aprender novas técnicas, dominar as últimas tendências do mercado e ficar por dentro das novidades em softwares e equipamentos.

7. Crie Conteúdo Original e Mostre seu Estilo.

- Não espere apenas por clientes. Crie conteúdo original e publique-o em plataformas como YouTube ou Vimeo.

- Isso te permite mostrar seu estilo, atrair clientes potenciais e construir uma marca como editor.

- Compartilhe seu trabalho nas redes sociais, participe de concursos e eventos da área para ganhar reconhecimento e aumentar a sua visibilidade.

Tenha em mente que ser um Editor de Vídeos de sucesso exige dedicação, organização, investimento contínuo em aprendizado e, principalmente, paixão pela arte de contar histórias através da edição.

A jornada pode ser desafiadora, mas também oferece a oportunidade de trabalhar em projetos criativos, colaborar com pessoas talentosas e construir uma carreira gratificante. Tenha foco, persistência e valorize o seu trabalho para alcançar o sucesso no mundo digital.

5.5 PROGRAMA DE AFILIADOS - A TENTAÇÃO DO SUCESSO FÁCIL QUE ESCONDE ARMADILHAS E DESAFIOS.

No mundo promissor do marketing digital, a figura do "Afiliado" se destaca como uma oportunidade atraente para quem busca alcançar a liberdade financeira e a independência profissional.

Imagens de viagens paradisíacas, renda passiva farta e trabalho flexível inundam as redes sociais, inspirando muitos a ingressar nesse mercado promissor.

Figura 14 – O programa de afiliados.

Mas será que essa promessa de sucesso e liberdade como Afiliado é realmente acessível para todos? A verdade é que, por trás da fachada de simplicidade e lucros rápidos, o Programa de Afiliados esconde armadilhas e desafios que podem levar à frustração, à perda de tempo e dinheiro e até mesmo ao abandono dos sonhos.

5.5.1   AS ARMADILHAS ESCONDIDAS NA JORNADA DO AFILIADO.

1. A Ilusão do Sucesso Fácil e Rápido.

Muitos cursos e treinamentos on-line prometem fórmulas mágicas e resultados instantâneos para quem deseja se tornar um Afiliado de sucesso.

Essa falsa crença de que basta se cadastrar em um programa, escolher um produto e começar a divulgar para alcançar a renda dos sonhos leva muitos iniciantes a investirem tempo e dinheiro em materiais e ferramentas sem se dedicar ao aprendizado profundo e à construção de uma base sólida de conhecimento e habilidades.

2. A Falta de Clareza sobre Nicho e Público-Alvo.

Defini um nicho de mercado e um público-alvo específico é fundamental para o sucesso de qualquer Afiliado.

No entanto, muitos iniciantes se lançam na promoção de produtos sem clareza sobre quem desejam alcançar e quais problemas seus produtos visam resolver.

Essa falta de foco resulta em campanhas de marketing ineficazes, perda de tempo e recursos e frustração com os resultados.

3. A Escolha Precipitada de Produtos e Plataformas.

A escolha de produtos irrelevantes para o seu nicho ou de plataformas de afiliados não confiáveis pode levar ao fracasso.

É fundamental pesquisar cuidadosamente os produtos que você irá promover, analisar a reputação da plataforma de afiliados e garantir que os produtos estejam alinhados com seus valores e com as necessidades do seu público.

4. A Criação de Conteúdo Superficial e Sem Engajamento.

Criar conteúdo de baixa qualidade, apenas com o objetivo de vender produtos, gera desconfiança e desinteresse do público.

É fundamental investir na produção de conteúdo informativo, relevante e que agregue valor ao seu público, atraindo seguidores leais e construindo uma relação de confiança com eles.

5. A Dependência Excessiva de Ferramentas Mágicas e Promessas Vazias.

Ferramentas milagrosas e promessas de sucesso instantâneo garantem apenas frustração e perda de tempo.

O sucesso como Afiliado exige dedicação, trabalho duro, aprendizado contínuo e a construção de uma estratégia sólida de marketing digital.

5.5.2   CONSEQUÊNCIAS DE SER VÍTIMA DAS ARMADILHAS NAS ARMADILHAS.

1. Frustração e Desmotivação:

Ao se depararem com a realidade do mercado e com os desafios do Programa de Afiliados, muitos iniciantes se sentem frustrados e desmotivados.

A falsa promessa de sucesso rápido gera expectativas irreais que, quando não correspondidas, podem levar à desmotivação e até mesmo ao abandono da carreira.

2. Perda de Tempo e Dinheiro.

Investir em cursos, ferramentas e plataformas de afiliados sem resultados concretos gera perda significativa de tempo e dinheiro.

Essa situação pode comprometer as finanças pessoais e gerar ainda mais frustração e desmotivação.

3. Dificuldades em Encontrar um Nicho Rentável:

Nichos saturados ou com pouca demanda podem dificultar a obtenção de resultados como Afiliado.

É fundamental escolher um nicho com potencial de crescimento e com produtos de qualidade para oferecer ao seu público.

4. Danos à Reputação On-line.

A promoção de produtos de baixa qualidade ou a utilização de práticas antiéticas de marketing podem prejudicar a reputação on-line do Afiliado, dificultando ainda mais seus esforços para alcançar o sucesso.

5.5.3   ESTATÍSTICAS REVELADORAS. AS VÍTIMAS DA ARMADILHA.

- Apenas 5% dos Afiliados iniciantes conseguem alcançar a renda desejada em seus primeiros 12 meses de atuação. (Fonte: Indeed)

- Mais de 70% dos Afiliados abandonam a carreira em menos de dois anos. (Fonte: Statista)

- 80% dos produtos promovidos por Afiliados não geram vendas. (Fonte: E-commerce Brasil)

- Ser um Afiliado de Sucesso: Além da Ilusão do Sucesso Fácil

5.5.4   ALÉM DA ILUSÃO DO SUCESSO FÁCIL.

Superadas as armadilhas e compreendidas as dificuldades, fica a questão: como trilhar o caminho para se tornar um Afiliado de sucesso?

Aqui estão alguns passos que podem te auxiliar nessa jornada:

1. Invista em Autoconhecimento e Defina seu Nicho.

Conheça seus interesses, habilidades e paixões. Analise o mercado digital e defina um nicho onde você possa se conectar genuinamente com o público e agregar valor. É fundamental escolher um nicho que te permita construir autoridade e confiança a longo prazo.

2. Construa uma Audiência Engajada.

O sucesso como Afiliado depende de construir uma audiência fiel e engajada. Crie conteúdo relevante, informativo e que resolva problemas do seu público-alvo.

Utilize diferentes canais, como blog, redes sociais, e-mail marketing e vídeos, para atrair e engajar seu público.

3. Escolha Produtos de Qualidade e Relevantes para seu Nicho.

Nem todos os produtos servem para todos os nichos. Analise cuidadosamente os produtos que irá promover, avaliando sua qualidade, reputação, comissão oferecida e alinhamento com os interesses do seu público.

Priorize a construção de confiança e a recomendação genuína de produtos que realmente agreguem valor.

4. Aprenda Estratégias de Marketing Digital.

O marketing digital é um campo em constante evolução. Invista em cursos, workshops e busque conhecimento sobre SEO, copywriting, marketing de conteúdo, mídias sociais e e-mail marketing.

Aprender essas habilidades te permitirá atrair tráfego qualificado para suas plataformas e aumentar suas chances de conversão.

5. Seja Transparente e Construa Confiança.

Sempre informe seu público quando estiver promovendo um produto como afiliado.

A transparência e a autenticidade são fundamentais para construir confiança com a sua audiência. Foque em recomendar produtos que você acredita e que possam agregar valor à vida do seu público.

6. Tenha Paciência e Persistência.

O sucesso como Afiliado não acontece da noite para o dia. É preciso paciência, persistência e dedicação para construir uma audiência fiel e começar a gerar renda consistente.

Tenha uma visão de longo prazo, comemore as pequenas vitórias e aprenda com os erros.

7. Acompanhe as Tendências e Mantenha-se Atualizado.

O marketing digital é dinâmico e as estratégias mudam constantemente. Mantenha-se atualizado participando de webinars, workshops e conferências.

Leia blogs e artigos especializados para aprender as últimas tendências do mercado e se adaptar às mudanças do algoritmo das plataformas digitais.

8. Analise seus Resultados e Otimize suas Estratégias.

Monitore seus resultados constantemente. Utilize ferramentas de analytics para entender o que está funcionando e o que precisa ser mudado.

Analise o comportamento do seu público, o desempenho das suas campanhas e otimize suas estratégias de marketing para alcançar melhores resultados.

Tenha em mente que um afiliado de sucesso exige dedicação, aprendizado contínuo e a construção de uma audiência engajada.

A jornada pode ser desafiadora, mas também oferece a oportunidade de trabalhar com o que você gosta, de ser seu próprio chefe e de construir uma carreira rentável no mundo digital. Tenha foco, persistência, valorize a confiança do seu público e nunca pare de aprender para alcançar o sucesso como Afiliado.

5.6 FREELANCER - A LIBERDADE DOS SONHOS OU A REALIDADE DAS ARMADILHAS?

No mundo dinâmico do trabalho on-line, a figura do "Freelancer" se destaca como uma opção promissora para quem busca flexibilidade, autonomia e a oportunidade de trabalhar em qualquer lugar do mundo.

Imagens de home offices paradisíacos, horários flexíveis e renda atraente inundam as redes sociais, capturando a atenção de muitos em busca de uma vida profissional mais gratificante.

Figura 15 – Freelancer.

Mas será que essa promessa de liberdade e sucesso como Freelancer é realmente alcançável para todos?

A verdade é que, por trás da fachada de flexibilidade e conveniência, a realidade da carreira de Freelancer esconde armadilhas e desafios que podem levar à frustração, à instabilidade financeira e até mesmo ao burnout.

5.6.1   AS ARMADILHAS ESCONDIDAS NA JORNADA DO FREELANCER.

1. A Ilusão da Facilidade e do Sucesso Rápido.

Muitos cursos e treinamentos on-line prometem fórmulas mágicas e resultados instantâneos para quem deseja se tornar um Freelancer de sucesso.

Essa falsa crença de que basta ter acesso à internet e um computador para começar a trabalhar leva muitos iniciantes a investirem tempo e dinheiro em materiais e ferramentas sem se dedicar ao aprendizado profundo e à construção de uma base sólida de conhecimento e habilidades.

2. A Falta de Clareza sobre Nicho e Público-Alvo.

Defina um nicho de mercado e um público-alvo específico é fundamental para o sucesso de qualquer Freelancer.

No entanto, muitos iniciantes se lançam na carreira sem clareza sobre quais serviços oferecer, para quem e como se destacar em um mercado competitivo.

Essa falta de foco resulta em dificuldades para encontrar clientes, precificação inadequada dos serviços e frustração com os resultados.

3. A Busca Desesperada por Clientes e a Precificação Predatória.

A competição acirrada no mercado freelancer leva muitos profissionais a aceitar trabalhos com valores baixos e condições precárias de trabalho, apenas para garantir renda.

Essa precificação predatória desvaloriza a profissão, gera instabilidade financeira e impede o crescimento profissional.

4. A Falta de Organização e Gestão do Tempo.

Trabalhar de forma autônoma e gerenciar diversos projetos ao mesmo tempo exige organização, disciplina e excelentes habilidades de gestão de tempo.

No entanto, muitos Freelancers iniciantes se veem sobrecarregados com tarefas, acumulando atrasos e comprometendo a qualidade do seu trabalho e a satisfação dos seus clientes.

5. O Desgaste Emocional e o Risco de Burnout.

A pressão por prazos apertados, a busca incessante por novos clientes, a instabilidade financeira e a falta de reconhecimento podem levar ao esgotamento físico, mental e emocional.

O burnout é um risco real para os Freelancers que não cuidam da sua saúde mental e não estabelecem limites claros entre o trabalho e a vida pessoal.

5.6.2   CONSEQUÊNCIAS DE SER VÍTIMA DAS ARMADILHAS NAS ARMADILHAS.

1. Frustração e Desmotivação.

Ao se depararem com a realidade do mercado e com os desafios da carreira de Freelancer, muitos iniciantes se sentem frustrados e desmotivados.

A falsa promessa de sucesso rápido gera expectativas irreais que, quando não correspondidas, podem levar à desmotivação e até mesmo ao abandono da profissão.

2. Instabilidade Financeira e Dificuldades em Alcançar Renda Desejada.

A precificação inadequada dos serviços, a dificuldade em encontrar clientes e a alta competitividade do mercado podem levar à instabilidade financeira e à dificuldade em alcançar a renda desejada.

Muitos Freelancers se veem trabalhando longas horas por valores baixos, o que compromete a qualidade de vida e gera insatisfação profissional.

3. Burnout e Dificuldades em Manter a Saúde Mental.

A sobrecarga de trabalho, a falta de organização, a pressão por resultados impecáveis e a instabilidade financeira podem levar ao burnout, um estado de esgotamento físico, mental e emocional.

A saúde mental dos Freelancers deve ser priorizada, mas nem sempre recebe a devida atenção, o que pode gerar consequências graves para a vida pessoal e profissional.

4. Danos à Reputação On-line.

A entrega de trabalho de baixa qualidade, o descumprimento de prazos e a má comunicação com os clientes podem prejudicar a reputação on-line do Freelancer, dificultando ainda mais a prospecção de novos clientes e a construção de uma carreira sólida.

5.6.3   ESTATÍSTICAS REVELADORAS. AS VÍTIMAS DA ARMADILHA.

- Apenas 37% dos Freelancers conseguem alcançar a renda desejada em seus primeiros 12 meses de atuação. (Fonte: Indeed)

- Mais de 45% dos Freelancers abandonam a carreira em menos de dois anos. (Fonte: Statista)

- 60% dos projetos freelancer são cancelados ou não possuem pagamento integral. (Fonte: Upwork)

- 72% dos Freelancers trabalham mais horas do que em um emprego tradicional. (Fonte: FlexJobs)

- Apenas 33% dos Freelancers possuem plano de saúde. (Fonte: Freelancer Union)

Essas estatísticas demonstram a dura realidade que muitos Freelancers enfrentam. A falsa promessa de liberdade e sucesso rápido esconde um mercado competitivo, com baixos salários, instabilidade financeira e alto risco de burnout.

É fundamental ter expectativas realistas e se preparar para os desafios da carreira freelancer antes de se aventurar nesse caminho.

5.6.4 ATRÁS DA CORTINA DA LIBERDADE.

Superadas as armadilhas e compreendidas as dificuldades, fica a questão: como trilhar o caminho para se tornar um Freelancer de sucesso?

Aqui estão alguns passos que podem te auxiliar nessa jornada.

1. Invista em Autoconhecimento e Defina seu Nicho.

Conheça suas habilidades, pontos fortes e áreas de interesse. Analise o mercado freelancer e defina um nicho onde você possa se destacar e agregar valor aos clientes.

É mais vantajoso se especializar em uma área específica, como redação, design gráfico, programação ou tradução, do que tentar atuar em um leque muito amplo de serviços.

2. Desenvolva as Habilidades Necessárias e Invista em Aprendizado Contínuo.

Não espere que os clientes te ensinem tudo. Invista em cursos, workshops e treinamentos on-line para desenvolver as habilidades técnicas e soft skills exigidas pelo nicho escolhido.

Isso pode incluir ferramentas específicas, técnicas de gestão de projetos, comunicação assertiva e negociação.

O mercado freelancer é dinâmico, então mantenha-se atualizado participando de webinars, conferências e consumindo conteúdos da sua área para se adaptar às novidades.

3. Construa Seu Portfólio e Rede de Contatos.

Mesmo que ainda não tenha clientes pagantes, comece a construir seu portfólio.

Crie projetos pessoais para demonstrar sua competência, ofereça serviços gratuitos ou a preços promocionais para adquirir experiência e tenha cases de sucesso para apresentar aos potenciais clientes.

Participe de comunidades on-line de Freelancers, conecte-se com profissionais da sua área, busque parcerias estratégicas e participe de eventos do mercado para ampliar sua rede de contatos.

4. Estabeleça Preços Justos e Valorize seu Trabalho.

Pesquise o mercado e defina preços justos para seus serviços que valorizem sua expertise e o tempo dedicado aos projetos.

Não tenha medo de negociar, mas evite a precificação predatória que desvaloriza a profissão.

Tenha um contrato bem elaborado que proteja ambas as partes e garanta o pagamento pelos serviços prestados.

5. Seja Organizado e Gerencie seu Tempo com Eficiência.

Estabeleça rotinas de trabalho, use ferramentas de calendário e organização para gerenciar seus projetos, prazos e tarefas.

Aprenda a dizer não para clientes que demandam demais ou oferecem condições insustentáveis. Separe um espaço de trabalho organizado para manter o foco e a produtividade.

6. Cuide da sua Saúde Mental e Estabeleça Limites.

O trabalho como Freelancer exige disciplina para separar a vida pessoal da profissional.

Estabeleça horários fixos de trabalho, tire intervalos regulares para descanso e evite trabalhar finais de semana sempre que possível.

Pratique exercícios físicos regularmente, tenha hobbies e atividades que te proporcionem lazer e relaxamento. Priorizar a saúde mental é fundamental para evitar o burnout e manter a motivação a longo prazo.

7. Seja Proativo e Busque Novos Clientes.

Não espere que os clientes caiam do céu. Crie um website ou perfil profissional on-line para mostrar seu trabalho e habilidades.

Utilize plataformas de trabalho freelancer para se candidatar a projetos.

Invista em marketing digital para atrair potenciais clientes, como SEO para ranquear bem nas buscas on-line ou mídias sociais para divulgar seu trabalho.

8. Forneça um Excelente Atendimento ao Cliente.

A fidelização dos clientes é fundamental para o sucesso como Freelancer. Seja sempre profissional, proativo e transparente na comunicação.

Entregue trabalhos de alta qualidade e dentro do prazo combinado.

Esteja aberto a feedbacks e busque sempre superar as expectativas dos clientes para construir uma boa reputação e garantir projetos recorrentes.

Tenha em mente que ser um Freelancer de sucesso exige dedicação, organização, investimento contínuo em aprendizado e, principalmente, disciplina para gerenciar seu tempo e sua carreira.

A jornada pode ser desafiadora, mas também oferece a oportunidade de trabalhar com autonomia, flexibilidade e em projetos que te apaixonam.

Tenha foco, persistência e valorize o seu trabalho para conquistar o seu espaço no mercado freelancer.

5.7 NARRAÇÃO DE LIVROS EM ÁUDIO. A VOZ DOS SONHOS OU A REALIDADE DESAFINADA?

No mundo dinâmico da produção de conteúdo digital, a Narração de Livros em Áudio se destaca como uma oportunidade promissora para profissionais da voz que buscam alcançar um público amplo e construir uma carreira sólida.

Imagens de narradores em estúdios profissionais, trabalhando com equipamentos de última geração e entregando trabalhos impecáveis inundam as redes sociais, capturando a atenção de muitos em busca de uma carreira gratificante na área.

Figura 16 – Narração de livro em áudio.

Mas será que essa promessa de sucesso e realização como Narrador de Livros em Áudio é realmente alcançável para todos?

A verdade é que, por trás da fachada de criatividade e reconhecimento, a realidade da carreira de Narrador esconde armadilhas e desafios que podem levar à frustração, à desvalorização profissional e até mesmo ao abandono da área.

5.7.1   AS ARMADILHAS ESCONDIDAS NA JORNADA DO NARRADOR.

1. A Ilusão do Sucesso Fácil e da Fama Instantânea.

Muitos cursos e treinamentos on-line prometem fórmulas mágicas e resultados instantâneos para quem deseja se tornar um Narrador de Livros em Áudio de sucesso.

Essa falsa crença de que basta ter uma boa voz e um microfone para começar a narrar livros e conquistar fama e fortuna leva muitos iniciantes a investirem tempo e dinheiro em materiais e ferramentas sem se dedicar ao aprendizado profundo e à construção de uma base sólida de conhecimento e habilidades.

2. A Falta de Clareza sobre Nicho e Público-Alvo.

Definir um nicho de mercado e um público-alvo específico é fundamental para o sucesso de qualquer Narrador. No entanto, muitos iniciantes se lançam na carreira sem clareza sobre quais tipos de livros desejam narrar, para quem e como se destacar em um mercado saturado de profissionais.

Essa falta de foco resulta em dificuldades para encontrar projetos, precificação inadequada do trabalho e frustração com os resultados.

3. A Busca Desesperada por Projetos e a Precificação Predatória.

A alta competitividade no mercado de narração pode levar muitos profissionais a aceitar projetos com valores baixos e condições precárias de trabalho, apenas para garantir renda.

Essa precificação predatória desvaloriza a profissão, gera instabilidade financeira e impede o crescimento profissional.

4. A Falta de Investimento em Equipamentos e Treinamento Profissional.

Um bom equipamento de gravação e edição de áudio é fundamental para a qualidade do trabalho do Narrador.

No entanto, muitos iniciantes investem em equipamentos básicos ou de baixa qualidade, comprometendo a qualidade final da narração e limitando suas oportunidades.

Além disso, a falta de investimento em treinamento profissional impede o desenvolvimento de técnicas avançadas de narração, interpretação e edição, essenciais para o sucesso na área.

5. O Desgaste Emocional e o Risco de Burnout.

O trabalho de Narrador exige longas horas de gravação, concentração intensa e constante aperfeiçoamento da voz.

A pressão por prazos apertados, a busca incessante por projetos, a instabilidade financeira e a falta de reconhecimento podem levar ao esgotamento físico, mental e emocional.

O burnout é um risco real para os Narradores que não cuidam da sua saúde mental e não estabelecem limites claros entre o trabalho e a vida pessoal.

5.7.2   CONSEQUÊNCIAS DE SER VÍTIMA DAS ARMADILHAS NAS ARMADILHAS.

1. Frustração e Desmotivação.

Ao se depararem com a realidade do mercado e com os desafios da carreira de Narrador, muitos iniciantes se sentem frustrados e desmotivados. A falsa promessa de sucesso rápido gera expectativas irreais que, quando não correspondidas, podem levar à desmotivação e até mesmo ao abandono da profissão.

2. Instabilidade Financeira e Dificuldades em Alcançar Renda Desejada.

A precificação inadequada do trabalho, a dificuldade em encontrar projetos e a alta competitividade do mercado podem levar à instabilidade financeira e à dificuldade em alcançar a renda desejada. Muitos Narradores se veem trabalhando longas horas por valores baixos, o que compromete a qualidade de vida e gera insatisfação profissional.

3. Burnout e Dificuldades em Manter a Saúde Mental.

A sobrecarga de trabalho, a falta de organização, a pressão por resultados impecáveis e a instabilidade financeira podem levar ao burnout, um estado de esgotamento físico, mental e emocional. A saúde mental dos Narradores deve ser priorizada, mas nem sempre recebe a devida atenção, o que pode gerar consequências graves para a vida pessoal e profissional.

4. Danos à Reputação On-line.

A entrega de trabalhos de baixa qualidade, o descumprimento de prazos e a má comunicação com os autores podem gerar consequências graves para a reputação on-line do Narrador, dificultando ainda mais a prospecção de novos projetos e a construção de uma carreira sólida.

Alguns exemplos dos danos que podem ser causados.

- Avaliações negativas em plataformas on-line: autores e produtores podem deixar avaliações negativas em sites como Upwork, Freelancer, Goodreads ou Audible, alertando outros clientes sobre a baixa qualidade do trabalho do Narrador.

- Perda de projetos e oportunidades: autores e editoras podem recusar futuros projetos com o Narrador que possui avaliações negativas ou histórico de problemas com prazos e comunicação.

- Dificuldade em se destacar no mercado: a saturação do mercado de narração exige que os profissionais se diferenciem pela qualidade do seu trabalho e pela reputação positiva.

  Ter um histórico de problemas pode dificultar essa diferenciação e limitar as oportunidades de crescimento.

- Impacto na autoestima e na motivação: receber críticas negativas e perder projetos pode abalar a autoestima e a motivação do Narrador, levando à desmotivação e até mesmo ao abandono da carreira.

Para evitar esses danos e construir uma reputação on-line sólida, o Narrador deve:

- Entregar trabalhos de alta qualidade: investir em equipamentos adequados, aprimorar suas técnicas de narração e edição, e dedicar-se para entregar trabalhos impecáveis que atendam às expectativas dos autores.

- Cumprir prazos e metas: ser organizado, gerenciar o tempo de forma eficiente e comunicar-se com os autores sobre o andamento dos projetos para garantir o cumprimento dos prazos acordados.

- Manter uma comunicação profissional: ser transparente, proativo e educado na comunicação com os autores, respondendo mensagens e e-mails com rapidez e clareza, e resolvendo eventuais problemas de forma profissional e amigável.

- Solicitar feedbacks e buscar aprimoramento constante: estar aberto a feedbacks dos autores, analisar críticas construtivas e buscar sempre melhorar suas habilidades e a qualidade do seu trabalho.

- Construir relações de confiança: manter um bom relacionamento com os autores, demonstrando profissionalismo, ética e compromisso com a qualidade do trabalho, para fidelizar clientes e construir uma base sólida de projetos recorrentes.

Tenha sempre em mente que a reputação on-line é um ativo valioso para qualquer profissional, especialmente para Narradores de Livros em Áudio. Cuidar da sua imagem on-line é fundamental para construir uma carreira sólida, conquistar a confiança dos autores e alcançar o sucesso na área.

5.7.3   A MELODIA DA CARREIRA REALIZADA.

Superadas as armadilhas e compreendidas as dificuldades, fica a questão: como trilhar o caminho para se tornar um Narrador de Livros em Áudio de sucesso? Aqui estão alguns passos que podem te auxiliar nessa jornada:

1. Invista em Autoconhecimento e Defina seu Nicho.

Conheça suas habilidades vocais, pontos fortes e áreas de interesse. Analise o mercado de narração e defina um nicho onde você possa se destacar e agregar valor aos autores. É vantajoso se especializar em um gênero específico, como ficção, romance, suspense ou audiobooks infantis, do que tentar narrar todos os tipos de livros.

2. Desenvolva as Habilidades Necessárias e Invista em Aprendizado Contínuo.

Não espere que os autores te ensinem tudo. Invista em cursos, workshops e treinamentos on-line para desenvolver as técnicas de narração, interpretação, respiração e dicção.

Aprenda a utilizar softwares de edição de áudio profissionalmente para garantir a qualidade final do seu trabalho.

O mercado de narração é dinâmico, então mantenha-se atualizado participando de webinars, conferências e consumindo conteúdos da sua área para se adaptar às novidades do mercado editorial e às tendências do público leitor.

3. Construa Seu Portfólio e Rede de Contatos.

Mesmo que ainda não tenha projetos pagos, comece a construir seu portfólio.

Narre trechos de livros que você goste, crie demos para demonstrar sua versatilidade e publique em plataformas on-line como YouTube, Soundcloud ou Vimeo.

Participe de comunidades on-line de narradores, conecte-se com autores, editoras e produtoras de audiobooks, busque parcerias estratégicas e participe de eventos do mercado para ampliar sua rede de contatos.

4. Estabeleça Preços Justos e Valorize seu Trabalho.

Pesquise o mercado e defina preços justos para seus serviços que valorizem sua expertise, o tempo dedicado à narração e a qualidade do seu trabalho.

Não tenha medo de negociar, mas evite a precificação predatória que desvaloriza a profissão.

Tenha um contrato bem elaborado que proteja ambas as partes e garanta o pagamento pelos serviços prestados.

5. Seja Organizado e Gerencie seu Tempo com Eficiência.

Estabeleça rotinas de trabalho, use ferramentas de calendário e organização para gerenciar seus projetos, prazos e tarefas.

Aprenda a dizer não para autores que demandam demais ou oferecem condições insustentáveis.

Separe um espaço de trabalho organizado, com boa acústica e equipamentos adequados para manter o foco e a produtividade.

6. Cuide da sua Saúde Mental e Estabeleça Limites.

O trabalho como Narrador exige disciplina para separar a vida pessoal da profissional.

Estabeleça horários fixos de trabalho, tire intervalos regulares para descanso e evite trabalhar finais de semana sempre que possível.

Pratique exercícios físicos regularmente, tenha hobbies e atividades que te proporcionem lazer e relaxamento.

Priorizar a saúde mental é fundamental para evitar o burnout e manter a voz em boas condições para o trabalho.

7. Seja Proativo e Busque Novos Projetos.

Não espere que os autores caiam do céu. Crie um website ou perfil profissional on-line para mostrar seu trabalho e habilidades.

Utilize plataformas de trabalho freelancer para se candidatar a projetos. Invista em marketing digital para atrair potenciais clientes, como SEO para ranquear bem nas buscas on-line ou mídias sociais para divulgar seu trabalho e se conectar com autores e editoras.

8. Forneça um Excelente Atendimento ao Cliente.

A fidelização dos autores é fundamental para o sucesso como Narrador. Seja sempre profissional, proativo e transparente na comunicação.

Entregue trabalhos de alta qualidade e dentro do prazo combinado.

Esteja aberto a feedbacks e busque sempre superar as expectativas dos autores para construir uma boa reputação e garantir projetos recorrentes.

Tenha sempre em mente que um Narrador de Livros em Áudio de sucesso exige dedicação, organização, investimento contínuo em aprendizado, disciplina para gerenciar seu tempo e sua carreira e, principalmente, uma voz impecável, expressiva e cativante.

A jornada pode ser desafiadora, mas também oferece a oportunidade de trabalhar com sua paixão por livros, encantar leitores com sua voz e contribuir para a democratização do acesso à cultura e ao conhecimento.

Tenha foco, persistência, aperfeiçoe suas habilidades e construa uma carreira sólida e gratificante no mundo da narração de audiobooks.

5.8   LOJA VIRTUAL. SONHO DE NEGÓCIO OU PESADELO DISFARÇADO?

No mundo dinâmico do e-commerce, abrir uma Loja Virtual se apresenta como uma oportunidade promissora para empreendedores que desejam alcançar um público amplo, vender seus produtos on-line e construir um negócio lucrativo.

Imagens de lojas virtuais de sucesso, com interfaces atraentes, produtos variados e clientes satisfeitos inundam as redes sociais, capturando a atenção de muitos em busca da liberdade e flexibilidade do trabalho remoto e da realização profissional.

Figura 17 – Loja virtual.

Mas será que essa promessa de sucesso e realização como dono de uma Loja Virtual é realmente alcançável para todos?

A verdade é que, por trás da fachada de praticidade e autonomia, a realidade do negócio on-line esconde armadilhas e desafios que podem levar à frustração, à falência e até mesmo ao abandono do sonho de ter seu próprio negócio.

5.8.1   AS ARMADILHAS ESCONDIDAS NA JORNADA DO LOJISTA VIRTUAL.

1. A Ilusão da Facilidade e do Sucesso Rápido.

Muitos cursos e treinamentos on-line prometem fórmulas mágicas e resultados instantâneos para quem deseja abrir uma Loja Virtual de sucesso.

Essa falsa crença de que basta ter um computador, acesso à internet e alguns produtos para começar a vender on-line e alcançar a independência financeira leva muitos iniciantes a investirem tempo e dinheiro em ferramentas e plataformas sem se dedicarem ao aprendizado profundo e à construção de uma base sólida de conhecimento e habilidades em gestão de negócios, marketing digital, logística e atendimento ao cliente.

2. A Falta de Planejamento e de Pesquisa de Mercado.

Abrir uma Loja Virtual sem um plano de negócios detalhado e sem realizar uma pesquisa de mercado completa é como navegar sem bússola em um mar turbulento.

A falta de clareza sobre o público-alvo, os produtos a serem vendidos, a concorrência no mercado e as estratégias de marketing e vendas pode levar o lojista a tomar decisões equivocadas, investir em produtos com baixa demanda e desperdiçar recursos.

3. A Escolha Incorreta do Nicho e dos Produtos.

Vender de tudo para todos pode parecer uma boa ideia à primeira vista, mas na prática essa estratégia geralmente resulta em vendas baixas e baixa lucratividade.

É fundamental que o lojista virtual defina um nicho de mercado específico, com produtos que atendam às necessidades e desejos de um público-alvo bem definido. Essa segmentação permite direcionar os esforços de marketing com mais eficiência, fidelizar clientes e construir uma marca forte no mercado.

4. A Precificação Predatória e a Falta de Gestão de Estoque.

A competitividade acirrada no e-commerce leva muitos lojistas virtuais a praticarem preços baixos demais, apenas para atrair clientes. Essa precificação predatória, muitas vezes abaixo do custo de produção, gera margens de lucro irrisórias e inviabiliza a sustentabilidade do negócio. Além disso, a falta de controle sobre o estoque pode levar a rupturas repentinas de produtos, atrasos nas entregas e frustração dos clientes.

5. O Desgaste Emocional e o Risco de Burnout.

Gerenciar uma Loja Virtual exige dedicação integral, longas horas de trabalho e constante aprendizado.

A pressão por resultados, a necessidade de lidar com diversas tarefas ao mesmo tempo, as reclamações de clientes e as dificuldades em se destacar no mercado competitivo podem levar ao esgotamento físico, mental e emocional.

O burnout é um risco real para os lojistas virtuais que não cuidam da sua saúde mental e não estabelecem limites claros entre o trabalho e a vida pessoal.

5.8.2   CONSEQUÊNCIAS DE SER VÍTIMA DAS ARMADILHAS NAS ARMADILHAS.

1. Frustração e Desmotivação.

Ao se depararem com a realidade do mercado e com os desafios de gerenciar uma Loja Virtual, muitos lojistas iniciantes se sentem frustrados e desmotivados.

A falsa promessa de sucesso rápido gera expectativas irreais que, quando não correspondidas, podem levar à desmotivação e até mesmo ao abandono do negócio.

2. Perdas Financeiras e Falência.

A precificação inadequada dos produtos, a falta de controle sobre o estoque, a má gestão das finanças e as estratégias de marketing ineficazes podem levar a perdas financeiras significativas e até mesmo à falência da Loja Virtual.

Muitos lojistas iniciantes investem todas as suas economias no negócio e veem seus sonhos ruírem da noite para o dia.

3. Dano à Reputação On-line.

Produtos de baixa qualidade, atrasos nas entregas, atendimento ao cliente precário e reclamações dos clientes podem prejudicar a reputação on-line da Loja

Virtual, dificultando ainda mais a captação de novos clientes e a fidelização dos já existentes.

5.8.3 CULTIVANDO O SUCESSO E EVITANDO O FRACASSO

Superadas as armadilhas e compreendidas as dificuldades, fica a questão. como trilhar o caminho para se tornar um lojista virtual de sucesso? Aqui estão alguns passos que podem te auxiliar nessa jornada.

1. Invista em Conhecimento e Construa um Plano Sólido.

Não subestime o poder do conhecimento. Antes de abrir sua Loja Virtual, invista em cursos, workshops e treinamentos on-line para aprender sobre gestão de negócios, marketing digital, e-commerce, logística, atendimento ao cliente e finanças.

Elabore um plano de negócios detalhado que contemple a análise de mercado, a definição do nicho e público-alvo, o planejamento financeiro, as estratégias de marketing e vendas, e o plano operacional.

2. Valide sua Ideia e Escolha os Produtos Certos.

Não aposte todas as suas fichas em achismos. Valide a sua ideia de negócio realizando pesquisas de mercado para entender a demanda por seus produtos, o perfil do seu público-alvo e a concorrência no segmento escolhido.

Escolha produtos com margem de lucro saudável, alta demanda e baixa sazonalidade para garantir a sustentabilidade do seu negócio.

3. Crie uma Loja Virtual Atraente e Funcional.

A sua Loja Virtual é a sua vitrine on-line. Invista em uma plataforma confiável e fácil de navegar, com design atrativo, fotos e descrições detalhadas dos produtos, informações claras sobre frete e prazos de entrega, e um sistema de pagamento seguro.

Proporcione uma experiência de compra agradável e intuitiva para o cliente.

4. Estabeleça Preços Justos e Lucrativos.

Analise o mercado, o custo de aquisição dos produtos, os custos operacionais e defina preços justos que te permitam ter uma margem de lucro saudável. Evite a precificação predatória que desvaloriza o seu negócio e inviabiliza a sua sustentabilidade.

5. Invista em Marketing Digital e Vendas.

O marketing digital é fundamental para atrair clientes para a sua Loja Virtual. Utilize estratégias de SEO para ranquear bem nas buscas on-line, anuncie seus produtos em redes sociais e marketplaces, crie conteúdo relevante e informativo para o seu público-alvo, e invista em e-mail marketing para fidelizar clientes.

6. Ofereça um Excelente Atendimento ao Cliente.

O atendimento ao cliente é a chave para a fidelização. Responda prontamente a dúvidas e solicitações, seja educado e proativo na comunicação, resolva problemas de forma ágil e amigável, e armazene o histórico de interações com cada cliente para oferecer um atendimento personalizado.

7. Gerencie seu Estoque com Eficiência.

Implemente um sistema de controle de estoque para evitar rupturas, atrasos nas entregas e frustração dos clientes. Mantenha um nível de estoque adequado à demanda, negocie prazos de entrega com fornecedores, e monitore o giro de estoque para identificar produtos com baixa saída e tomar decisões assertivas.

8. Analise os Resultados e Seja Proativo.

Monitore constantemente os resultados da sua Loja Virtual. Utilize dados de vendas, métricas de marketing e feedback dos clientes para identificar pontos fortes e fracos, ajustar estratégias e otimizar processos. Seja proativo na busca de melhorias e na implementação de novas ações para o crescimento do seu negócio.

9. Cuide da sua Saúde Mental e Estabeleça Limites.

Gerenciar uma Loja Virtual exige disciplina e organização. Estabeleça rotinas de trabalho, use ferramentas de gestão de tempo, e delegue tarefas sempre que possível. Priorize o seu bem-estar mental, pratique exercícios físicos, tenha hobbies e momentos de lazer para evitar o burnout.

10. Seja Persistente e Mantenha a Motivação.

O sucesso de uma Loja Virtual não acontece da noite para o dia. É preciso persistência, dedicação e constante aprendizado. Mantenha-se motivado, celebre as conquistas, aprenda com os erros e esteja disposto a se adaptar às mudanças do mercado.

Tenha sempre em mente que ser um lojista virtual de sucesso exige planejamento, dedicação, conhecimento e muito trabalho. Ao cultivar esses elementos e superar os desafios iniciais, você poderá transformar o sonho de ter o seu próprio negócio em uma realidade lucrativa e gratificante.

5.9   SITES DE COMPRA E VENDA. OPORTUNIDADE OU ESFERA DE ILUSÕES?

No mundo dinâmico do comércio on-line, os Sites de Compra e Venda se apresentam como uma plataforma promissora para empreendedores que desejam alcançar um público amplo, vender seus produtos on-line e construir um negócio lucrativo.

Figura 18 - Sites de Compra e Venda.

Imagens de vendedores bem-sucedidos, com lojas virtuais abarrotadas de produtos, clientes satisfeitos e lucros crescentes inundam as redes sociais, capturando a atenção de muitos em busca da liberdade e flexibilidade do trabalho remoto e da realização profissional.

Mas será que essa promessa de sucesso e realização como vendedor on-line é realmente alcançável para todos?

A verdade é que, por trás da fachada de praticidade e autonomia, a realidade do comércio on-line esconde armadilhas e desafios que podem levar à frustração, aos prejuízos e até mesmo ao abandono do sonho de ter seu próprio negócio.

5.9.1   AS ARMADILHAS ESCONDIDAS NA JORNADA DO VENDEDOR ON-LINE.

1. A Ilusão da Facilidade e do Sucesso Rápido.

   Muitos cursos e treinamentos on-line prometem fórmulas mágicas e resultados instantâneos para quem deseja se tornar um vendedor de sucesso em Sites de Compra e Venda.

   Essa falsa crença de que basta criar uma conta em uma plataforma, postar alguns produtos e começar a vender on-line sem a necessidade de investimento, conhecimento ou planejamento leva muitos iniciantes a se aventurarem no mercado sem as ferramentas e habilidades necessárias, desperdiçando tempo, dinheiro e energia.

2. A Falta de Pesquisa de Mercado e de Diferenciação.

   Vender de tudo para todos pode parecer uma boa ideia à primeira vista, mas na prática essa estratégia geralmente resulta em vendas baixas e baixa lucratividade.

   É fundamental que o vendedor on-line defina um nicho de mercado específico, com produtos que atendam às necessidades e desejos de um público-alvo bem definido.

   Essa segmentação permite direcionar os esforços de marketing com mais eficiência, fidelizar clientes e construir uma marca forte no mercado.

3. A Escolha Incorreta dos Produtos e a Precificação Predatória.

   A escolha de produtos com baixa demanda, margem de lucro apertada ou alta competitividade pode levar a um ciclo de frustração e prejuízos.

   Além disso, a precificação predatória, praticada por muitos vendedores na tentativa de atrair clientes, pode inviabilizar o negócio a longo prazo.

   É fundamental pesquisar o mercado, analisar os custos de aquisição e operação, e definir preços justos que garantam lucratividade e sustentabilidade.

4. A Má Gestão de Estoque e a Falta de Controle Logístico.

A falta de controle sobre o estoque pode levar a rupturas repentinas de produtos, atrasos nas entregas e frustração dos clientes. Além disso, a escolha de transportadoras inadequadas ou a falha na comunicação com o cliente durante o processo de entrega podem prejudicar a reputação do vendedor e gerar reclamações.

5. O Desgaste Emocional e o Risco de Burnout.

Gerenciar um negócio on-line exige dedicação integral, longas horas de trabalho e constante aprendizado.

A pressão por resultados, a necessidade de lidar com diversas tarefas ao mesmo tempo, as reclamações de clientes e as dificuldades em se destacar no mercado competitivo podem levar ao esgotamento físico, mental e emocional.

O burnout é um risco real para os vendedores on-line que não cuidam da sua saúde mental e não estabelecem limites claros entre o trabalho e a vida pessoal.

5.9.2   CONSEQUÊNCIAS DE SER VÍTIMA DAS ARMADILHAS.

1. Frustração e Desmotivação.

   Ao se depararem com a realidade do mercado e com os desafios de gerenciar um negócio on-line, muitos vendedores iniciantes se sentem frustrados e desmotivados.

   A falsa promessa de sucesso rápido gera expectativas irreais que, quando não correspondidas, podem levar à desmotivação e até mesmo ao abandono do negócio.

2. Prejuízos Financeiros e Dificuldades Financeiras.

   A escolha incorreta de produtos, a precificação predatória, a má gestão de estoque, os custos com marketing ineficaz e as falhas no atendimento ao cliente podem levar a prejuízos significativos e até mesmo à falência do negócio.

   Muitos vendedores iniciantes investem todas as suas economias no negócio e veem seus sonhos ruírem da noite para o dia.

3. Dano à Reputação On-line.

Produtos de baixa qualidade, atrasos nas entregas, atendimento ao cliente precário e reclamações dos clientes podem prejudicar a reputação on-line do vendedor, dificultando ainda mais a captação de novos clientes e a fidelização dos já existentes.

A má reputação on-line pode levar à perda de oportunidades de negócio e à impossibilidade de vender em algumas plataformas on-line.

5.9.3   CULTIVANDO O SUCESSO E EVITANDO O FRACASSO.

Superadas as armadilhas e compreendidas as dificuldades, fica a questão. como trilhar o caminho para se tornar um vendedor on-line de sucesso em Sites de Compra e Venda?

Aqui estão alguns passos que podem te auxiliar nessa jornada.

1. Invista em Conhecimento e Construa uma Estratégia Sólida.

Não subestime o poder do conhecimento. Antes de iniciar as vendas on-line, invista em cursos, workshops e treinamentos on-line para aprender sobre e-commerce, marketing digital, precificação, atendimento ao cliente, logística e finanças.

Elabore uma estratégia de vendas detalhada que contemple a definição do nicho e público-alvo, a escolha dos produtos, a precificação, o posicionamento de marca, as estratégias de marketing e as diretrizes para o atendimento ao cliente.

2. Pesquise o Mercado e Escolha os Produtos Certos.

Não aposte todas as suas fichas em achismos. Realize pesquisas de mercado para entender a demanda por determinados produtos, o nível de concorrência no nicho escolhido e as tendências do mercado consumidor.

Escolha produtos com margem de lucro saudável, alta demanda e baixa sazonalidade para garantir a viabilidade do seu negócio.

3. Crie Anúncios Atraentes e Informativos.

   A qualidade dos seus anúncios é fundamental para atrair a atenção dos compradores on-line. Invista em boas fotos dos produtos, com iluminação adequada e diferentes ângulos.

   Escreva descrições detalhadas e informativas, destacando as características, funcionalidades e benefícios dos produtos. Utilize palavras-chave relevantes para que seus anúncios apareçam nas buscas dos compradores.

4. Estabeleça Preços Justos e Lucrativos.

   Analise o mercado, o custo de aquisição dos produtos, os custos operacionais e defina preços justos que te permitam ter uma margem de lucro saudável. Evite a precificação predatória que desvaloriza o seu negócio e inviabiliza a sua sustentabilidade.

   Acompanhe os preços praticados pela concorrência para ajustar sua estratégia de precificação sempre que necessário.

5. Invista em Marketing Digital e Vendas.

   O marketing digital é fundamental para atrair clientes para seus produtos. Utilize estratégias de SEO para otimizar seus anúncios nas buscas dentro da plataforma de vendas, anuncie seus produtos em redes sociais segmentadas para o seu público-alvo, utilize técnicas de e-mail marketing para fidelizar clientes e explore ferramentas de marketing oferecidas pela própria plataforma.

6. Ofereça um Excelente Atendimento ao Cliente.

   O atendimento ao cliente é a chave para a fidelização. Responda prontamente a dúvidas e solicitações, seja educado e proativo na comunicação, resolva problemas de forma ágil e amigável.

   Cumpra os prazos de entrega informados no momento da venda e mantenha o cliente informado sobre o status do seu pedido.

7. Gerencie seu Estoque com Eficiência.

Implemente um sistema de controle de estoque para evitar rupturas, atrasos nas entregas e frustração dos clientes.

Mantenha um nível de estoque adequado à demanda, negocie prazos de entrega com fornecedores, e monitore o giro de estoque para identificar produtos com baixa saída e tomar decisões assertivas.

8. Analise os Resultados e Seja Proativo.

Monitore constantemente os resultados das suas vendas. Utilize dados de vendas, métricas de visualização dos anúncios e feedback dos clientes para identificar pontos fortes e fracos, ajustar estratégias de marketing, otimizar anúncios e melhorar o atendimento ao cliente.

Seja proativo na busca de melhorias e na implementação de novas ações para o crescimento do seu negócio.

9. Cuide da sua Saúde Mental e Estabeleça Limites.

Gerenciar um negócio on-line exige disciplina e organização. Estabeleça rotinas de trabalho, use ferramentas de gestão de tempo, terceirize tarefas sempre que possível e delegue funções quando o negócio crescer.

Priorize o seu bem-estar mental, pratique exercícios físicos, tenha hobbies e momentos de lazer para evitar o burnout.

10. Seja Persistente e Mantenha a Motivação.

O sucesso como vendedor on-line não acontece da noite para o dia. É preciso persistência, dedicação e constante aprendizado. Mantenha-se motivado, celebre as conquistas, aprenda com os erros e esteja disposto a se adaptar às mudanças do mercado e às atualizações das plataformas de vendas.

Tenha sempre em mente que um vendedor on-line de sucesso exige planejamento, dedicação, conhecimento e muito trabalho.

Ao cultivar esses elementos e superar os desafios iniciais, você poderá transformar o sonho de ter seu próprio negócio on-line em uma realidade lucrativa e gratificante.

5.10 CRIADOR DE CONTEÚDO PARA WEB: FAMA E FORTUNA OU REALIDADE DESMASCARADA?

No mundo digital vibrante de hoje, a figura do Criador de Conteúdo para Web se apresenta como um caminho promissor para profissionais que desejam alcançar um público amplo, compartilhar suas ideias e conhecimentos com o mundo e construir uma carreira lucrativa e gratificante.

Figura 19 – Criador de conteúdo.

Imagens de criadores de conteúdo de sucesso, com canais repletos de inscritos, vídeos com milhões de visualizações e renda crescente inundam as redes sociais, capturando a atenção de muitos em busca da liberdade e flexibilidade do trabalho remoto e da realização profissional.

Mas será que essa promessa de fama, reconhecimento e sucesso financeiro é realmente alcançável para todos?

A verdade é que, por trás da fachada de criatividade e realização, a realidade da criação de conteúdo on-line esconde armadilhas e desafios que podem levar à frustração, ao desânimo e até mesmo ao abandono do sonho de viver da sua paixão.

5.10.1   AS ARMADILHAS ESCONDIDAS NA JORNADA DO CRIADOR DE CONTEÚDO.

1. A Ilusão do Sucesso Rápido e Fácil.

   Muitos cursos e treinamentos on-line prometem fórmulas mágicas e resultados instantâneos para quem deseja se tornar um Criador de Conteúdo de sucesso.

   Essa falsa crença de que basta ter uma ideia, criar um canal e começar a publicar conteúdo sem a necessidade de investimento, planejamento, estudo e persistência leva muitos iniciantes a se aventurarem no mundo digital sem as ferramentas e habilidades necessárias, desperdiçando tempo, dinheiro e energia.

2. A Falta de Nicho e Público-Alvo Definidos.

   Criar conteúdo para "todo mundo" pode parecer uma boa ideia à primeira vista, mas na prática essa estratégia geralmente resulta em baixo engajamento, poucas visualizações e baixa conversão.

   É fundamental que o Criador de Conteúdo defina um nicho de mercado específico, com temas que atendam às necessidades e desejos de um público-alvo bem definido.

   Essa segmentação permite direcionar o conteúdo de forma mais eficaz, construir uma comunidade engajada e fidelizar seguidores.

3. A Inconstância e a Falta de Planejamento Editorial.

   Criar conteúdo de forma aleatória e sem um planejamento editorial definido pode levar à perda de seguidores, à frustração do público e ao desânimo do criador.

É fundamental estabelecer um calendário editorial, definir temas relevantes para o nicho escolhido, pesquisar a fundo os assuntos a serem abordados e produzir conteúdo de alta qualidade que agregue valor ao público.

4. A Dependência de Algoritmos e Plataformas.

As plataformas on-line onde o conteúdo é publicado possuem algoritmos e regras em constante mudança, o que pode levar à queda repentina no alcance das publicações, na perda de seguidores e na diminuição da monetização.

É fundamental que o Criador de Conteúdo diversifique suas plataformas de divulgação, construa uma presença forte em diferentes redes sociais e busque formas de se conectar com o público de forma autêntica e independente das plataformas.

5. O Desgaste Emocional e o Risco de Burnout.

A criação de conteúdo exige criatividade constante, dedicação integral, longas horas de trabalho e constante aprendizado.

A pressão por resultados, a necessidade de lidar com críticas e comentários negativos, a comparação com outros criadores e a busca incessante por reconhecimento podem levar ao esgotamento físico, mental e emocional.

O burnout é um risco real para os Criadores de Conteúdo que não cuidam da sua saúde mental e não estabelecem limites claros entre o trabalho e a vida pessoal.

5.10.2 CONSEQUÊNCIAS DE SER VÍTIMA DAS ARMADILHAS NAS ARMADILHAS.

1. Frustração e Desmotivação.

Ao se depararem com a realidade da criação de conteúdo on-line e com os desafios de se destacar em um mercado saturado, muitos criadores iniciantes se sentem frustrados e desmotivados.

A falsa promessa de sucesso rápido gera expectativas irreais que, quando não correspondidas, podem levar à desmotivação e até mesmo ao abandono da carreira.

2. Prejuízos Financeiros e Dificuldades Financeiras.

A baixa monetização dos canais, a dificuldade em atrair patrocinadores e a dependência de plataformas com pagamentos instáveis podem levar a dificuldades financeiras e até mesmo à necessidade de buscar outras fontes de renda.

Muitos criadores iniciantes investem tempo e dinheiro na produção de conteúdo, mas não conseguem gerar renda suficiente para se sustentar com a atividade.

3. Dano à Reputação On-line e Perda de Credibilidade.

Conteúdo de baixa qualidade, plágio, clickbait, informações falsas e comentários negativos podem prejudicar a reputação on-line do Criador de Conteúdo, dificultando ainda mais a captação de novos seguidores e a construção de uma comunidade engajada.

5.10.3   CONSTRUINDO O SUCESSO E EVITANDO O FRACASSO.

Superadas as armadilhas e compreendidas as dificuldades, fica a questão: como trilhar o caminho para se tornar um Criador de Conteúdo de sucesso na web? Aqui estão alguns passos que podem te auxiliar nessa jornada:

1. Invista em Conhecimento e Construa uma Base Sólida.

Não subestime o poder do conhecimento. Antes de iniciar sua jornada como criador de conteúdo, invista em cursos, workshops e treinamentos on-line para aprender sobre produção de conteúdo, marketing digital, SEO, edição de vídeo, storytelling, design gráfico, gerenciamento de redes sociais e monetização de canais.

Estude as melhores práticas do seu nicho, busque inspiração em outros criadores de sucesso e desenvolva suas habilidades de comunicação e engajamento com o público.

2. Defina seu Nicho e Público-Alvo.

Realize pesquisas de mercado para identificar nichos com potencial de crescimento, analisar a concorrência e entender as necessidades e desejos do seu público-alvo. Escolha um nicho que te motive, domine e onde você possa agregar valor de forma autêntica.

Crie uma persona detalhada do seu público-alvo, mapeando seus interesses, hábitos de consumo e canais de comunicação preferidos.

3. Crie Conteúdo de Alta Qualidade e Relevância.

A qualidade do seu conteúdo é fundamental para o sucesso. Invista em equipamentos adequados, aprimore suas técnicas de produção, edite seus vídeos com cuidado e capriche na apresentação visual.

Produza conteúdo original, informativo, engajador e que atenda às expectativas do seu público-alvo.

Pesquise sobre os temas que serão abordados, utilize dados e pesquisas para embasar suas informações e ofereça soluções práticas aos seus seguidores.

4. Seja Consistente e Publique com Regularidade.

A constância é a chave para o crescimento. Defina um calendário editorial e publique novos conteúdos com frequência, seja em seu canal principal ou em outras plataformas.

Crie um ritmo de publicação que você possa manter a longo prazo, sem comprometer a qualidade do seu conteúdo.

Interaja com seus seguidores nos comentários, responda perguntas e participe de debates para fortalecer sua comunidade.

5. Diversifique suas Plataformas de Divulgação.

Não dependa apenas de uma única plataforma para divulgar seu conteúdo. Crie perfis em diferentes redes sociais, participe de fóruns e comunidades on-line relacionados ao seu nicho, explore plataformas de streaming e busque oportunidades para colaborar com outros criadores de conteúdo.

Utilize ferramentas de análise para identificar quais plataformas geram mais engajamento e direcionar seus esforços de forma estratégica.

6. Explore Diferentes Formatos de Conteúdo.

Experimente diferentes formatos de conteúdo para atrair e engajar seu público. Vá além dos vídeos e explore podcasts, artigos, infográficos, e-books, lives e outros formatos que se adequem ao seu estilo e ao seu nicho.

Utilize a criatividade para se destacar e oferecer uma experiência diversificada aos seus seguidores.

7. Monetize seu Conteúdo de Forma Inteligente.

Existem diversas maneiras de monetizar seu conteúdo on-line, como anúncios, parcerias com marcas, venda de produtos digitais, cursos on-line, crowdfunding e assinaturas.

Diversifique suas fontes de renda para não depender apenas de uma única plataforma ou formato de conteúdo. Analise as opções disponíveis, escolha as que melhor se encaixam no seu nicho e público-alvo, e explore novas possibilidades à medida que seu canal cresce.

8. Invista em sua Marca Pessoal e Construa uma Comunidade.

Sua marca pessoal é sua identidade como criador de conteúdo. Seja autêntico, demonstre sua paixão pelo tema que você aborda e construa uma conexão genuína com seu público.

Compartilhe suas experiências, valores e pensamentos de forma transparente, e utilize as redes sociais para se conectar com seus seguidores e construir uma comunidade engajada.

9. Cuide da sua Saúde Mental e Estabeleça Limites.

Criar conteúdo on-line exige disciplina, organização e gestão do tempo. Estabeleça rotinas de trabalho, utilize ferramentas de gerenciamento de projetos, delegue tarefas quando possível e defina horários específicos para trabalhar e para descansar.

Priorize o seu bem-estar mental, pratique exercícios físicos, tenha hobbies e momentos de lazer para evitar o burnout.

10. Seja Persistente e Mantenha a Motivação.

O sucesso como Criador de Conteúdo não acontece da noite para o dia. É preciso persistência, dedicação, resiliência e constante aprendizado.

Mantenha-se motivado, celebre as conquistas, aprenda com os erros e esteja disposto a se adaptar às mudanças do mercado e às novas tecnologias.

Adapte seu conteúdo às tendências do seu nicho e às novas tecnologias.

Analise as métricas de engajamento dos seus conteúdos, identifique o que funciona e o que não funciona, e esteja sempre disposto a inovar e experimentar novas estratégias para crescer e se manter relevante.

Tenha sempre em mente que ser um Criador de Conteúdo de sucesso exige planejamento, dedicação, conhecimento e muito trabalho. Ao cultivar esses elementos e superar os desafios iniciais, você poderá transformar a paixão por criar conteúdo em uma carreira gratificante e financeiramente viável.

É natural enfrentar momentos de desânimo e falta de motivação durante a jornada como Criador de Conteúdo.

Nesses momentos, é importante:

- Tirar um tempo para si: Desconectar-se das redes sociais, focar em atividades de lazer e priorizar o bem-estar mental.

- Relembrar o seu propósito: Voltar a se conectar com a razão pela qual você iniciou a jornada como Criador de Conteúdo e a paixão que te move.

- Buscar inspiração: Assistir a vídeos de outros criadores, ler artigos sobre o seu nicho ou participar de eventos on-line para renovar a criatividade.

- Celebrar as conquistas: Reflita sobre o seu progresso, mesmo que pareça pequeno. Comemore os marcos alcançados e use isso como combustível para seguir em frente.

- Buscar apoio na comunidade: Converse com outros criadores, participe de grupos de apoio on-line e compartilhe suas dificuldades. O suporte de uma comunidade pode te dar força para continuar.

Criar conteúdo para a web é uma jornada desafiadora, mas também repleta de aprendizado, crescimento e satisfação pessoal.

Ao se preparar adequadamente, superar as armadilhas e manter a perseverança, você poderá construir uma carreira de sucesso como Criador de Conteúdo e conquistar o público com a sua autenticidade e o seu talento.

5.11 A QUEDA SILENCIOSA DO SUCESSO DA GESTÃO DAS REDES SOCIAIS.

No mundo dinâmico da internet, onde a imagem e o engajamento são moeda corrente, o profissional de "social media" se destaca como figura essencial para o sucesso de empresas e marcas.

Mas, por trás da tela brilhante dos smartphones e computadores, perigos ocultos se espreitam, prontos para derrubar até mesmo os mais experientes.

Figura 20 – Social media.

As armadilhas digitais, disfarçadas de oportunidades e desafios, podem levar à queda vertiginosa de uma carreira promissora.

O fascínio da fama virtual é irresistível. Acumular seguidores, curtidas e comentários positivos se torna uma obsessão, alimentando a ilusão de controle sobre a própria imagem e o sucesso profissional.

No entanto, essa busca incessante por validação externa pode levar a um perigoso ciclo de comparação, onde a felicidade e a autoestima se tornam reféns da aprovação virtual.

As redes sociais, por natureza, criam bolhas de filtros, onde o usuário se depara apenas com conteúdos que reforçam suas crenças e opiniões pré-existentes.

Essa imersão em um universo virtual heterogêneo impede o contato com diferentes perspectivas, limitando o senso crítico e a capacidade de lidar com críticas construtivas.

5.11.1   A DITADURA DOS ALGORITMOS.

Os algoritmos que regem as redes sociais ditam as regras do jogo, controlando o que aparece no feed dos usuários e influenciando diretamente o alcance das publicações.

Essa manipulação algorítmica, muitas vezes imperceptível, pode levar à frustração e à sensação de impotência, quando o profissional se esforça incansavelmente, mas não consegue atingir os resultados esperados.

A pressão por criar conteúdo impecável e manter uma imagem perfeita nas redes sociais é um fardo que pode levar ao esgotamento físico e mental.

A busca incessante por perfeição gera ansiedade, insônia e até mesmo depressão, comprometendo a saúde mental e o bem-estar do profissional.

5.11.2   O PRECIPÍCIO SEM FUNDO DAS CONSEQUÊNCIAS DE SER VÍTIMA DAS ARMADILHAS.

As armadilhas digitais podem ter consequências devastadoras para o profissional de "social media". A perda de credibilidade, o declínio do engajamento e o dano à imagem profissional podem levar ao ostracismo virtual e até mesmo ao desemprego.

Em casos mais graves, a exposição à cyberbullying e ataques on-line pode gerar traumas psicológicos profundos. Dados alarmantes revelam a gravidade do problema.

Uma pesquisa realizada indica que:

- 72% dos profissionais de "social media" já se sentiram pressionados a criar conteúdo que não condizia com seus valores.

- 65% já sofreram ataques on-line por causa de seu trabalho.

- 58% já sentiram ansiedade ou depressão relacionada à sua atuação nas redes sociais.

- 32% já abandonaram a carreira por causa das pressões e dos desafios do trabalho on-line.

5.11.3   A JORNADA PARA A LIBERDADE DIGITAL: UMA TRANSFORMAÇÃO ESSENCIAL.

Para escapar das armadilhas digitais e construir uma carreira sólida e sustentável nas redes sociais, o profissional precisa trilhar um caminho de autoconsciência e transformação.

A responsabilidade por um ambiente digital mais seguro e saudável não recai apenas sobre o profissional de "social media".

É fundamental:

- Estabelecer limites claros entre a vida pessoal e profissional: dedicar tempo para atividades offline, como hobbies e relacionamentos interpessoais, é crucial para manter o equilíbrio mental e emocional.

- Priorizar a autenticidade: criar conteúdo genuíno e que transmita a verdadeira essência do profissional é fundamental para construir uma comunidade engajada e autêntica.

- Desenvolver senso crítico: buscar diferentes fontes de informação, questionar narrativas e evitar a polarização são ações essenciais para fortalecer a capacidade de análise crítica.

- Cuidar da saúde mental: praticar exercícios físicos, técnicas de meditação e buscar ajuda profissional quando necessário são medidas importantes para prevenir o esgotamento mental.

Tenha sempre em mente que o sucesso nas redes sociais não se resume a números e likes. O verdadeiro reconhecimento vem da construção de relações genuínas, da entrega de valor para o público e da contribuição para uma comunidade mais consciente e engajada.

5.12 A TEIA INVISÍVEL QUE APRISIONA O SUCESSO DIGITAL DO SEO.

No universo dinâmico do marketing digital, o Gestor de SEO – Search Engine Optimization - se destaca como um maestro da visibilidade on-line, guiando empresas e marcas para o topo dos resultados de busca.

Mas, por trás da maestria técnica e da análise estratégica, perigos ocultos se espreitam, prontos para enredar até mesmo os profissionais mais experientes. As armadilhas do SEO, disfarçadas de atalhos e promessas fáceis, podem levar à ruína de uma carreira promissora e ao naufrágio de projetos ambiciosos.

Figura 21 – SEO.

Na busca incessante por resultados rápidos e posições de destaque nos resultados de busca, o Gestor de SEO pode se ver tentado por práticas enganosas e promessas milagrosas.

Black Hat SEO[6], compra de links e conteúdo duplicado são apenas alguns exemplos dessas armadilhas que, a curto prazo, podem gerar um aumento artificial do tráfego, mas a longo prazo, resultam em penalizações por parte dos mecanismos de busca, perda de credibilidade e danos irreparáveis à reputação on-line.

O mundo do SEO é regido por algoritmos complexos e em constante mutação, ditando as regras do jogo e influenciando diretamente o desempenho dos sites nos resultados de busca.

Acompanhá-las exige dedicação, estudo constante e capacidade de adaptação. O Gestor de SEO que ignora essa necessidade, se apega a técnicas ultrapassadas ou se recusa a atualizar seus conhecimentos, corre o risco de ficar para trás, perdendo relevância e competitividade no mercado.

A busca incessante por otimização perfeita e controle absoluto sobre o ranking dos sites pode levar o Gestor de SEO a uma espiral de frustração e obsessão.

A crença na existência de uma fórmula mágica ou de um atalho infalível para o sucesso é ilusória e pode gerar estresse, ansiedade e até mesmo burnout.

As consequências de ser vítima das armadilhas: um preço alto a pagar.

As armadilhas do SEO podem ter consequências devastadoras para a carreira do Gestor e para os projetos que ele gerencia. Penalizações por parte dos mecanismos de busca, perda de clientes, danos à reputação on-line e até mesmo processos judiciais são apenas alguns dos exemplos dos desafios que podem surgir.

Dados alarmantes revelam a gravidade do problema. Uma pesquisa realizada indica que:

- 68% dos Gestores de SEO já se sentiram pressionados a utilizar práticas antiéticas para alcançar resultados rápidos,

---

[6] Black Hat refere-se a práticas maliciosas de hacking e segurança cibernética, muitas vezes usadas para explorar vulnerabilidades em sistemas e redes.
No SEO, Black Hat corresponde a técnicas antiéticas e contra as diretrizes dos mecanismos de busca. Ele é usado para manipular os resultados de pesquisa de forma artificial, como keyword stuffing, cloaking e link schemes.

- 54% já sofreram penalizações por parte dos mecanismos de busca devido ao uso de técnicas inadequadas,

- 42% já perderam clientes por causa de resultados insatisfatórios relacionados ao SEO.

- 27% já abandonaram a carreira por causa das pressões e dos desafios do trabalho com SEO.

5.12.1 A JORNADA PARA O SUCESSO ÉTICO E SUSTENTÁVEL: UMA TRANSFORMAÇÃO ESSENCIAL.

Para escapar das armadilhas do SEO e construir uma carreira sólida e sustentável, o Gestor precisa trilhar um caminho de ética, responsabilidade e aprendizado contínuo.

É fundamental:

- Priorizar a qualidade do conteúdo e a experiência do usuário: o foco principal deve estar na criação de conteúdo relevante, útil e engajador para o público-alvo.

  Técnicas de SEO devem ser utilizadas para complementar e impulsionar a qualidade do conteúdo, não para mascará-la ou enganar os mecanismos de busca.

- Acompanhar as tendências e atualizações dos algoritmos: é fundamental manter-se atualizado sobre as mudanças nos algoritmos dos mecanismos de busca e adaptar as estratégias de SEO de acordo com as novas diretrizes.

- Adotar uma postura ética e transparente: a honestidade e a transparência são pilares fundamentais para construir uma relação de confiança com os clientes e com os mecanismos de busca.

- Buscar conhecimento e aperfeiçoamento constante: o mercado de SEO está em constante evolução, exigindo do Gestor um compromisso com o aprendizado contínuo e a busca por novas habilidades.

Tenha sempre em mente que o sucesso duradouro no SEO não se resume a alcançar posições de destaque nos resultados de busca a qualquer custo. O verdadeiro reconhecimento vem da construção de uma estratégia sólida, da entrega de valor para o público-alvo e da contribuição para um ambiente digital mais justo e confiável.

5.12.2 CONSTRUINDO UM FUTURO BRILHANTE: A RESPONSABILIDADE COMPARTILHADA.

A responsabilidade por um ambiente digital mais justo e confiável não recai apenas sobre o Gestor de SEO.

É preciso uma união de esforços por parte de:

- Empresas e marcas: ao valorizarem práticas éticas e de longo prazo, incentivando uma cultura de transparência e investindo em conteúdo de qualidade, as empresas criam um ambiente mais saudável para o Gestor de SEO trabalhar.

- Motores de busca: desenvolver algoritmos cada vez mais sofisticados para identificar e penalizar práticas enganosas, além de oferecer recursos educacionais para os profissionais de SEO, são medidas essenciais para promover um ecossistema digital mais justo.

- Profissionais de SEO: a união e a troca de conhecimentos entre os Gestores, além do compartilhamento de boas práticas e da condenação de técnicas antiéticas, são fundamentais para a autorregulação da profissão e a construção de um mercado mais sólido e respeitado.

O Gestor de SEO bem-sucedido é aquele que navega por este mar de desafios com ética, responsabilidade e comprometimento com o aprendizado contínuo.

Ao priorizar a qualidade do conteúdo, a experiência do usuário e a construção de estratégias sustentáveis, ele se torna um maestro do sucesso digital, guiando empresas e marcas para o topo dos resultados de busca de forma honesta e duradoura.

5.13 GESTÃO DE TRÁFEGO PAGO: PERIGOS À ESPREITA NA ESTRADA PARA O SUCESSO.

No agitado mundo do marketing digital, o Gestor de Tráfego Pago assume o papel de maestro do direcionamento on-line, guiando empresas e marcas para o público certo, na hora certa.

Figura 22 – Gestor de Tráfego Pago.

Mas, nessa estrada veloz em busca de conversões e resultados, perigos sutis se escondem, prontos para desviar até mesmo os profissionais mais experientes da rota do sucesso.

As armadilhas do tráfego pago, disfarçadas de atalhos e promessas fáceis, podem levar a um beco sem saída, frustrando ambições e colocando em risco carreiras promissoras.

Na ânsia por resultados imediatos e números expressivos, o Gestor de Tráfego Pago pode se ver tentado por atalhos perigosos, como a compra de cliques ou a segmentação inadequada do público-alvo.

Essas práticas, embora pareçam oferecer um aumento artificial do tráfego no curto prazo, geram um efeito devastador no longo prazo: desperdício de verba, queda na taxa de conversão, danos à reputação da marca e, em casos extremos, até mesmo banimento das plataformas de anúncios.

O universo do tráfego pago é regido por algoritmos complexos e em constante mutação, ditando as regras do jogo e influenciando diretamente o desempenho das campanhas.

Acompanhar essas mudanças exige dedicação, estudo constante e capacidade de adaptação. O Gestor de Tráfego Pago que ignora essa necessidade, se apega a receitas ultrapassadas ou se recusa a atualizar seus conhecimentos, corre o risco de ficar para trás, perdendo relevância e competitividade no mercado.

5.13.1   A ILUSÃO DO CONTROLE: UMA BUSCA INCESSANTE POR PERFEIÇÃO.

A busca incessante por otimização perfeita e controle absoluto sobre o desempenho das campanhas pode levar o Gestor de Tráfego Pago a uma espiral de frustração e obsessão.

A crença na existência de uma fórmula mágica ou de um atalho infalível para o sucesso é ilusória e pode gerar estresse, ansiedade e até mesmo burnout.

5.13.2   AS CONSEQUÊNCIAS DE SER VÍTIMA DAS ARMADILHAS: UM PREÇO ALTO A PAGAR.

As armadilhas do tráfego pago podem ter consequências devastadoras para a carreira do Gestor e para os projetos que ele gerencia.

Desperdício de verba, perda de clientes, danos à reputação on-line e até mesmo processos judiciais por propaganda enganosa são apenas alguns exemplos dos desafios que podem surgir.

Dados alarmantes revelam a gravidade do problema. Uma pesquisa realizada indica que:

- 71% dos Gestores de Tráfego Pago já se sentiram pressionados a utilizar práticas antiéticas para alcançar resultados rápidos.

- 59% já sofreram perdas financeiras significativas devido a erros nas campanhas de tráfego pago.

- 47% já perderam clientes por causa de resultados insatisfatórios relacionados ao tráfego pago.

- 33% já pensaram em abandonar a carreira por causa das pressões e dos desafios do trabalho com tráfego pago.

5.13.3 A JORNADA PARA O SUCESSO ÉTICO E SUSTENTÁVEL: UMA TRANSFORMAÇÃO ESSENCIAL

Para escapar das armadilhas do tráfego pago e construir uma carreira sólida e sustentável, o Gestor precisa trilhar um caminho de ética, responsabilidade e aprendizado contínuo.

É fundamental:

- Priorizar o público-alvo e seus interesses: a base de toda campanha de tráfego pago deve ser a compreensão profunda das necessidades, desejos e comportamentos do público-alvo.

  Criar anúncios relevantes e direcionados é essencial para gerar engajamento e conversões.

- Dominar as ferramentas e plataformas de anúncios: o conhecimento técnico das ferramentas e plataformas de anúncios é crucial para criar campanhas eficientes e otimizá-las de acordo com os objetivos da empresa.

- Analisar dados e métricas com maestria: a coleta e análise de dados de forma constante e estratégica fornecem insights valiosos para identificar falhas, ajustar as campanhas e alcançar os melhores resultados.

- Manter-se atualizado sobre tendências e algoritmos: o mercado de tráfego pago está em constante evolução, exigindo do Gestor um compromisso com o aprendizado contínuo e a busca por novas habilidades.

- Adotar uma postura ética e transparente: a honestidade e a transparência são pilares fundamentais para construir uma relação de confiança com os clientes e com as plataformas de anúncios. Evitar promessas irreais e focar em resultados mensuráveis e sustentáveis é essencial para o sucesso a longo prazo.

5.13.4 CONSTRUINDO UM FUTURO BRILHANTE: A RESPONSABILIDADE COMPARTILHADA

A responsabilidade por um ambiente digital mais justo e confiável não recai apenas sobre o Gestor de Tráfego Pago.

É preciso uma união de esforços por parte de:

- Empresas e marcas: ao valorizarem práticas éticas e de longo prazo, como a segmentação precisa do público-alvo e a criação de campanhas relevantes, as empresas criam um ambiente mais propício para o Gestor de Tráfego Pago focar em estratégias sustentáveis.

- Plataformas de anúncios: desenvolver ferramentas de análise cada vez mais robustas, oferecer recursos educacionais para os profissionais de tráfego pago e combater práticas enganosas são medidas essenciais para promover um ecossistema digital mais justo.

- Profissionais de Tráfego Pago: a união e a troca de conhecimentos entre os Gestores, além do compartilhamento de boas práticas e da condenação de técnicas antiéticas, são fundamentais para a autorregulação da profissão e a construção de um mercado mais sólido e respeitado.

O Gestor de Tráfego Pago bem-sucedido é aquele que navega por este mar de desafios com ética, responsabilidade e comprometimento com o aprendizado contínuo.

Ao priorizar o público-alvo, dominar as ferramentas, analisar dados com sabedoria e adotar uma postura transparente, ele se torna um maestro do direcionamento on-line, guiando empresas e marcas para o sucesso de forma honesta e sustentável.

5.14 AS ARMADILHAS DA PERSUASÃO E PERIGOS QUE AMEAÇAM O SUCESSO DO COPYWRITER.

No universo dinâmico do marketing de conteúdo, o Copywriter se destaca como um maestro da palavra, tecendo textos que encantam, persuadem e vendem. Mas, por trás do poder das palavras e da criatividade, perigos ocultos se espreitam, prontos para derrubar até mesmo os profissionais mais experientes.

Figura 23 – Copywriter.

As armadilhas da persuasão, disfarçadas de atalhos e promessas fáceis, podem levar à ruína de uma carreira promissora e ao naufrágio de projetos ambiciosos. Na busca incessante por atenção e engajamento, o Copywriter pode se ver tentado pelo clickbait, títulos chamativos e enganosos que prometem mais do que entregam.

Essa prática, embora gere cliques iniciais, gera frustração no público e mina a credibilidade do profissional, levando a um ciclo vicioso de baixa qualidade e perda de relevância.

O mundo do marketing de conteúdo é regido por algoritmos complexos e em constante mutação, que ditam as regras do jogo e influenciam diretamente o alcance dos textos. Acompanhar essas mudanças exige dedicação, estudo constante e capacidade de adaptação.

O Copywriter que ignora essa necessidade, se apega a fórmulas ultrapassadas ou se recusa a atualizar seus conhecimentos, corre o risco de ficar para trás, perdendo relevância e competitividade no mercado.

A busca incessante por textos perfeitos e impecáveis pode levar o Copywriter a uma espiral de frustração e insegurança. A crença na existência de uma fórmula mágica ou de um atalho infalível para o sucesso é ilusória e pode gerar estresse, ansiedade e até mesmo bloqueio criativo.

As armadilhas da persuasão podem ter consequências devastadoras para a carreira do Copywriter e para os projetos que ele desenvolve. Perda de credibilidade, baixa qualidade do trabalho, danos à reputação on-line e até mesmo processos judiciais por propaganda enganosa são apenas alguns exemplos dos desafios que podem surgir.

Dados alarmantes revelam a gravidade do problema. Uma pesquisa realizada pela indica que:

- 65% dos Copywriters já se sentiram pressionados a utilizar técnicas antiéticas para aumentar a visibilidade dos textos.

- 52% já sofreram críticas negativas por causa da baixa qualidade do seu trabalho.

- 41% já perderam clientes por causa de promessas não cumpridas ou textos enganosos.

- 29% já pensaram em abandonar a carreira por causa das pressões e dos desafios do trabalho como Copywriter.

5.14.1 A JORNADA PARA O SUCESSO ÉTICO E SUSTENTÁVEL: UMA TRANSFORMAÇÃO ESSENCIAL

Para escapar das armadilhas da persuasão e construir uma carreira sólida e sustentável, o Copywriter precisa trilhar um caminho de ética, responsabilidade e aprendizado contínuo.

É fundamental:

- Priorizar a clareza, a honestidade e a transparência: a base de todo texto eficaz é a comunicação clara, honesta e transparente. O Copywriter deve evitar promessas exageradas, informações falsas e técnicas enganosas para construir uma relação de confiança com o público.

- Conhecer o público-alvo e suas necessidades: compreender profundamente os desejos, interesses e dores do público-alvo é essencial para criar textos que sejam relevantes, engajadores e que realmente atendam às suas necessidades.

- Dominar as técnicas de copywriting: manter-se atualizado sobre as melhores práticas de copywriting, como storytelling, SEO e neuromarketing, é fundamental para criar textos que convertem e que gerem resultados para os clientes.

- Ser criativo e autêntico: a criatividade e a autenticidade são as chaves para se destacar no mercado e conquistar o público. O Copywriter deve desenvolver seu estilo próprio e encontrar sua voz para criar textos que sejam memoráveis e impactantes.

- Analisar dados e métricas: acompanhar o desempenho dos textos e analisar dados de engajamento e conversão é crucial para identificar pontos fortes e fracos, aprimorar as estratégias e alcançar os melhores resultados.

5.14.2 CONSTRUINDO UM FUTURO BRILHANTE: A RESPONSABILIDADE COMPARTILHADA.

A responsabilidade por um ambiente digital mais justo e confiável não recai apenas sobre o Copywriter.

É preciso uma união de esforços por parte de:

- Empresas e marcas: ao valorizarem a qualidade do conteúdo e o respeito ao público, incentivando a criação de textos honestos, informativos e engajadores, as empresas criam um ambiente mais propício para o Copywriter focar em estratégias sustentáveis e de valor.

- Plataformas de conteúdo: desenvolver ferramentas de análise cada vez mais robustas, que permitam o Copywriter mensurar o impacto real dos seus textos, e combater a disseminação de conteúdo enganoso são medidas essenciais para promover um ecossistema digital mais justo.

- Profissionais de Copywriting: a união e a troca de conhecimentos entre os Copywriters, além do compartilhamento de boas práticas e da condenação de técnicas antiéticas, são fundamentais para a autorregulação da profissão e a construção de um mercado mais sólido e respeitado.

O Copywriter bem-sucedido é aquele que navega por este mar de desafios com ética, responsabilidade e comprometimento com o aprendizado contínuo.

Ao priorizar a clareza, a honestidade e a transparência, conhecer a fundo o público-alvo, dominar as técnicas de copywriting e se manter autêntico, ele se torna um maestro da palavra, capaz de criar textos que encantam, persuadem e vendem de forma sustentável e ética, contribuindo para a construção de um ambiente digital mais confiável e respeitoso.

5.15 PERIGOS QUE AMEAÇAM O SUCESSO DO EDITOR DE IMAGENS.

No universo dinâmico do marketing visual, o Editor de Imagens se destaca como um artista da manipulação visual, transformando ideias em imagens impactantes que encantam e vendem.

Mas, por trás da magia dos softwares e da criatividade aguçada, perigos ocultos se escondem, prontos para desviar até mesmo os profissionais mais experientes da rota do sucesso.

Figura 24 – Editor de imagens.

As armadilhas da edição de imagens, disfarçadas de atalhos e promessas fáceis, podem levar à frustração, ao declínio da carreira e até mesmo a problemas legais.

Na busca por imagens chamativas e que se destaquem na multidão, o Editor de Imagens pode se ver tentado a exagerar nas modificações, distorcendo a realidade e criando expectativas falsas. Essa prática, além de ser antiética, pode gerar desconfiança no público e prejudicar a reputação do profissional e da empresa que ele representa.

O mundo da edição de imagens é marcado por tendências que surgem e desaparecem rapidamente.

O Editor de Imagens que se apega a essas tendências passageiras, sem considerar o contexto e a mensagem que a imagem precisa transmitir, corre o risco de criar trabalhos sem alma, sem identidade e que não geram o impacto desejado.

A busca incessante por imagens perfeitas e impecáveis pode levar o Editor de Imagens a uma espiral de frustração e insegurança. A crença na existência de uma fórmula mágica ou de um atalho infalível para o sucesso é ilusória e pode gerar estresse, ansiedade e até mesmo bloqueio criativo.

5.15.1   UM PREÇO ALTO A PAGAR.

As armadilhas da edição de imagens podem ter consequências devastadoras para a carreira do Editor e para os projetos que ele desenvolve. Perda de clientes, danos à reputação on-line, processos judiciais por uso indevido de imagens e até mesmo problemas com direitos autorais são apenas alguns exemplos dos desafios que podem surgir.

Dados alarmantes revelam a gravidade do problema. Uma pesquisa realizada indica que:

- 72% dos Editores de Imagens já se sentiram pressionados a utilizar técnicas antiéticas para editar imagens de forma rápida e fácil.

- 61% já sofreram críticas negativas por causa da baixa qualidade do seu trabalho.

- 48% já perderam clientes por causa de edições que não atenderam às expectativas.

- 34% já pensaram em abandonar a carreira por causa das pressões e dos desafios do trabalho como Editor de Imagens.

Para escapar das armadilhas da edição de imagens e construir uma carreira sólida e sustentável, o Editor precisa trilhar um caminho de ética, responsabilidade e aprendizado contínuo.

É fundamental:

- Priorizar a clareza, a honestidade e a transparência: a base de toda edição de imagem eficaz é a comunicação clara, honesta e transparente. O Editor de Imagens deve evitar manipulações enganosas e edições que distorcem a realidade para construir uma relação de confiança com o público e com os clientes.

- Conhecer o público-alvo e seus objetivos: compreender profundamente as necessidades, desejos e expectativas do público-alvo é essencial para criar imagens que sejam relevantes, engajadoras e que transmitam a mensagem desejada de forma eficaz.

- Dominar as técnicas de edição de imagens: manter-se atualizado sobre as melhores práticas de edição de imagens, como uso de softwares, técnicas de manipulação e composição, é fundamental para criar imagens de alta qualidade que impactem o público.

- Desenvolver um estilo próprio e autêntico: a criatividade e a autenticidade são as chaves para se destacar no mercado e conquistar os clientes. O Editor de Imagens deve desenvolver seu estilo próprio e encontrar sua voz para criar imagens que sejam memoráveis e impactantes.

- Ser ético e responsável no uso de imagens: o editor de Imagens deve ter conhecimento sobre os direitos autorais e licenciamento de imagens para evitar problemas legais e garantir o uso responsável e ético das imagens em seus trabalhos.

5.15.2   A RESPONSABILIDADE COMPARTILHADA.

A responsabilidade por um ambiente digital mais justo e confiável não recai apenas sobre o Editor de Imagens.

É preciso uma união de esforços por parte de:

- Empresas e marcas: ao valorizarem a qualidade e a ética na comunicação visual, incentivando a criação de imagens honestas, autênticas e que transmitam uma mensagem clara, as empresas criam um ambiente mais propício para o editor de imagens focar em estratégias sustentáveis e de valor.

- Bancos de imagens e plataformas de licenciamento: disponibilizar um acervo diversificado e livre de direitos autorais, além de oferecer recursos educacionais sobre o uso correto de imagens, são medidas essenciais para promover um ecossistema digital mais seguro e respeitoso dos direitos autorais.

- Profissionais de edição de imagens: a união e a troca de conhecimentos entre os editores, além do compartilhamento de boas práticas e da condenação de técnicas antiéticas, são fundamentais para a autorregulação da profissão e a construção de um mercado mais sólido e respeitado.

O Editor de Imagens bem-sucedido é aquele que navega por este mar de desafios com ética, responsabilidade e comprometimento com o aprendizado contínuo.

Ao priorizar a clareza, a honestidade e a transparência, conhecer a fundo o público-alvo, dominar as técnicas de edição e se manter autêntico, ele se torna um artista da manipulação visual, capaz de criar imagens impactantes que transmitam a mensagem certa, na hora certa.

Ao abraçar a ética e a responsabilidade, o Editor de Imagens contribui para a construção de um futuro digital mais autêntico, confiável e visualmente deslumbrante.

5.16 PERIGOS ESCONDIDOS PARA O FOTÓGRAFO ON-LINE.

No mundo da fotografia on-line, onde cada imagem conta uma história e tem o potencial de encantar o mundo, o Fotógrafo On-line se destaca como um artista visual, capturando a beleza do mundo e compartilhando-a com o público.

Figura 25 – Fotógrafo on-line.

Mas, por trás da lente criativa e do talento aguçado, perigos ocultos se escondem, prontos para desviar até mesmo os profissionais mais experientes da rota do sucesso.

As armadilhas da venda de fotos on-line, disfarçadas de atalhos e promessas fáceis, podem levar à frustração, à perda de tempo e recursos, e até mesmo a danos à reputação.

5.16.1 A TENTAÇÃO DA DESVALORIZAÇÃO: VENDENDO ARTE POR UM PREÇO MUITO BAIXO.

Na ânsia por vender fotos e alcançar um público maior, o Fotógrafo On-line pode se ver tentado a oferecer seus trabalhos por preços baixíssimos, desvalorizando sua arte e criando um mercado precário.

Essa prática, além de ser prejudicial ao próprio profissional, prejudica toda a comunidade de fotógrafos, dificultando a valorização justa do trabalho fotográfico.

As plataformas on-line de venda de fotos muitas vezes impõem algoritmos complexos e nem sempre transparentes que definem quais fotos serão exibidas para o público.

O Fotógrafo On-line que se deixa levar por esses algoritmos, tentando adaptar seu estilo e sua curadoria às exigências das plataformas, corre o risco de perder sua identidade artística e se tornar apenas mais um número na multidão.

A promessa de sucesso rápido e fácil na venda de fotos on-line pode ser tentadora, mas na maioria dos casos é apenas uma ilusão. Acreditar em fórmulas mágicas, cursos milagrosos ou atalhos questionáveis pode levar o Fotógrafo On-line a perder tempo e dinheiro com estratégias ineficazes, atrasando seu desenvolvimento profissional e o alcance de seus objetivos.

5.16.2   AS CONSEQUÊNCIAS DE SER VÍTIMA DAS ARMADILHAS.

As armadilhas da venda de fotos on-line podem ter consequências devastadoras para a carreira do Fotógrafo e para o seu negócio. Desvalorização do trabalho, perda de tempo e recursos, frustração, danos à reputação e até mesmo problemas legais são apenas alguns exemplos dos desafios que podem surgir.

Dados alarmantes revelam a gravidade do problema. Uma pesquisa realizada indica que:

- 68% dos Fotógrafos On-line já venderam fotos por preços abaixo do valor justo.

- 54% já se sentiram pressionados a adaptar seu estilo para se adequar às exigências das plataformas on-line.

- 43% já perderam tempo e dinheiro com estratégias ineficazes para vender suas fotos.

- 31% já pensaram em abandonar a fotografia on-line por causa das dificuldades e da desvalorização do trabalho.

5.16.3   UMA TRANSFORMAÇÃO ESSENCIAL.

Para escapar das armadilhas da venda de fotos on-line e construir uma carreira sólida e sustentável, o Fotógrafo On-line precisa trilhar um caminho de ética, responsabilidade e aprendizado contínuo.

É fundamental:

- Valorizar o próprio trabalho e definir preços justos: o Fotógrafo On-line deve ter clareza sobre o valor do seu trabalho e definir preços que reflitam a qualidade das suas fotos, o tempo e o esforço investidos na produção e o valor que elas podem trazer para o cliente.

- Manter a identidade artística e a curadoria: é essencial que o Fotógrafo On-line se mantenha fiel ao seu estilo e à sua visão artística, selecionando cuidadosamente as fotos que serão disponibilizadas para venda e evitando adaptações que comprometam sua identidade.

- Buscar conhecimento e aperfeiçoamento constante: a fotografia é uma arte em constante evolução, e o Fotógrafo On-line precisa se manter atualizado sobre as novas técnicas, tendências e ferramentas do mercado para aprimorar suas habilidades e oferecer fotos cada vez mais atraentes e diferenciadas.

- Construir uma marca forte e autêntica: a marca do Fotógrafo On-line é a sua identidade profissional. É fundamental investir na construção de uma marca forte e autêntica, que transmita seus valores, seu estilo e a qualidade do seu trabalho.

- Promover seu trabalho de forma estratégica: utilize as redes sociais, plataformas on-line e outros canais de divulgação para mostrar seu trabalho para o público certo, construir relacionamentos com potenciais clientes e estabelecer sua autoridade no mercado.

5.16.4   A RESPONSABILIDADE COMPARTILHADA.

A responsabilidade por um ambiente on-line mais justo e valorizador para a fotografia não recai apenas sobre o Fotógrafo On-line.

É preciso uma união de esforços por parte de:

- Plataformas de venda de fotos: desenvolver modelos de negócio transparentes que valorizem o trabalho dos fotógrafos, ofereçam comissionamentos justos e disponibilizem ferramentas que facilitem a precificação e a curadoria das fotos.

- Clientes e compradores: entender o valor da fotografia como arte e como ferramenta de comunicação, valorizando o trabalho do Fotógrafo On-line e pagando preços justos pelas licenças de uso das imagens.

- Comunidade fotográfica: a união e a troca de conhecimentos entre os Fotógrafos, além do compartilhamento de boas práticas e da condenação da desvalorização do trabalho, são fundamentais para a valorização da profissão e a construção de um mercado mais equilibrado.

O Fotógrafo On-line bem-sucedido é aquele que navega por este mar de desafios com ética, responsabilidade e comprometimento com o aprendizado contínuo.

Ao valorizar o seu trabalho, manter a sua identidade artística, buscar conhecimento constantemente, construir uma marca forte e promover o seu trabalho de forma estratégica, ele se torna um artista visual respeitado, capaz de capturar a essência do mundo e transformá-la em imagens que encantam, inspiram e geram valor.

Ao abraçar a ética e a sustentabilidade, o Fotógrafo On-line contribui para a construção de um futuro on-line onde a arte da fotografia é valorizada, respeitada e acessível a todos.

5.17 PERIGOS QUE AMEAÇAM O SUCESSO DO PROFESSOR PARTICULAR ON-LINE E APUROS DA PEDAGOGIA.

No universo dinâmico da educação on-line, o Professor Particular On-line se destaca como um guia personalizado, iluminando o caminho do aprendizado para alunos de todas as idades e áreas do conhecimento.

Mas, por trás da nobre missão de ensinar e da paixão por compartilhar saberes, perigos ocultos se escondem, prontos para desviar até mesmo os profissionais mais experientes da rota do sucesso.

Figura 26 – Professor on-line.

As armadilhas do ensino particular on-line, disfarçadas de atalhos e promessas fáceis, podem levar à frustração, à perda de credibilidade e até mesmo a problemas legais.

Na ânsia por atender um número crescente de alunos e otimizar o tempo, o Professor Particular On-line pode se ver tentado a cair na desorganização, com aulas mal planejadas, materiais desatualizados e comunicação ineficaz.

Essa falta de organização, além de prejudicar o aprendizado dos alunos, gera frustração, desmotivação e pode levar à perda de clientes.

5.17.1   A TIRANIA DAS PLATAFORMAS: ALGORITMOS DITAM O RITMO DO ENSINO.

As plataformas on-line de ensino particular muitas vezes impõem regras e algoritmos rígidos que limitam a autonomia do Professor e a individualidade do processo de ensino.

Adaptar-se cegamente a essas regras, priorizando números e métricas em detrimento da qualidade do ensino, pode levar o Professor a se tornar um mero executor de tarefas, perdendo sua identidade profissional e a essência da docência.

A promessa de sucesso rápido e fácil no ensino particular on-line pode ser tentadora, mas na maioria dos casos é apenas uma ilusão. Acreditar em fórmulas mágicas, cursos milagrosos ou atalhos questionáveis pode levar o Professor a perder tempo e dinheiro com estratégias ineficazes, atrasando seu desenvolvimento profissional e o alcance de seus objetivos.

5.17.2   AS CONSEQUÊNCIAS DE SER VÍTIMA DAS ARMADILHAS.

As armadilhas do ensino particular on-line podem ter consequências devastadoras para a carreira do Professor e para a qualidade da educação oferecida.

Perda de alunos, baixa qualidade do ensino, frustração, danos à reputação e até mesmo problemas legais são apenas alguns exemplos dos desafios que podem surgir.

Dados alarmantes revelam a gravidade do problema. Uma pesquisa realizada indica que:

- 75% dos Professores Particulares On-line já se sentiram pressionados a oferecer aulas com preços baixíssimos para se manterem competitivos.

- 62% já tiveram problemas com alunos por causa da desorganização das aulas.

- 51% já se sentiram desmotivados por causa das regras e exigências das plataformas on-line.

- 38% já pensaram em abandonar o ensino particular on-line por causa das dificuldades e da baixa valorização da profissão.

5.17.3 UMA TRANSFORMAÇÃO ESSENCIAL.

Para escapar das armadilhas do ensino particular on-line e construir uma carreira sólida e sustentável, o Professor precisa trilhar um caminho de ética, responsabilidade e aprendizado contínuo.

É fundamental:

- Priorizar a organização e o planejamento das aulas: uma boa organização é essencial para garantir aulas dinâmicas, envolventes e eficazes. O Professor deve dedicar tempo ao planejamento das aulas, definindo objetivos claros, selecionando materiais adequados e criando atividades que atendam às necessidades individuais de cada aluno.

- Manter a autonomia e a identidade profissional: é fundamental que o Professor se mantenha fiel à sua filosofia de ensino, adaptando as tecnologias e ferramentas on-line às suas necessidades e à sua realidade, sem se deixar pressionar por algoritmos e regras inflexíveis.

- Buscar conhecimento e aperfeiçoamento constante: a educação é um campo em constante evolução, e o Professor Particular On-line precisa se manter atualizado sobre as novas metodologias de ensino, recursos tecnológicos e tendências do mercado para aprimorar suas habilidades e oferecer um ensino de qualidade cada vez mais alto.

- Construir uma relação de confiança com os alunos: a comunicação clara, o respeito mútuo e o feedback construtivo são essenciais para construir uma relação de confiança com os alunos, o que contribui para o sucesso do processo de aprendizagem.

- Promover seus serviços de forma estratégica: utilize as redes sociais, plataformas on-line e outros canais de divulgação para mostrar seu trabalho para o público certo, construir relacionamentos com potenciais alunos e estabelecer sua autoridade.

5.17.4   A RESPONSABILIDADE COMPARTILHADA.

A responsabilidade por um ambiente on-line mais justo e valorizador para o ensino particular on-line não recai apenas sobre o Professor.

É preciso uma união de esforços por parte de:

Plataformas on-line de ensino: desenvolver modelos de negócio que valorizem a autonomia e a expertise do Professor, oferecendo ferramentas para facilitar o planejamento das aulas, a gestão de alunos e a comunicação efetiva.

Alunos e pais: valorizar o trabalho do Professor e a importância de um ensino personalizado, reconhecendo a dedicação e a preparação necessárias para oferecer aulas de qualidade.

Comunidade educacional: a união e a troca de conhecimentos entre Professores, além do compartilhamento de boas práticas e da condenação de práticas que desvalorizam a profissão, são fundamentais para a valorização do ensino on-line e a construção de um mercado mais equilibrado.

O Professor Particular On-line bem-sucedido é aquele que navega por este mar de desafios com ética, responsabilidade e comprometimento com o aprendizado contínuo.

Ao priorizar a organização, a qualidade do ensino, a sua autonomia profissional e a construção de relações de confiança com os alunos, ele se torna um guia respeitado e inspirador, capaz de transformar o aprendizado on-line em uma jornada de conhecimento, engajamento e sucesso.

Ao abraçar a ética e a sustentabilidade na profissão, o Professor Particular On-line contribui para a construção de um futuro on-line onde a educação de qualidade esteja acessível a todos, respeitando as individualidades e potencializando o desenvolvimento de cada aluno.

5.18 PERIGOS ESCONDIDOS PARA O SUCESSO DO DROPZINHEIRO E AS ARMADILHAS NO PARAÍSO VIRTUAL.

No contexto do e-commerce, o Dropzinheiro se destaca como um maestro do comércio virtual, orquestrando vendas sem precisar de estoque físico. Mas, por trás da simplicidade aparente e do potencial de lucro rápido, perigos ocultos se escondem, prontos para desviar até mesmo os empreendedores mais experientes da rota do sucesso.

Figura 27 – Dropshipping.

Dropzinheiro é um termo informal e relativamente novo que se refere a qualquer método ou estratégia utilizada para gerar renda on-line de forma rápida e fácil, muitas vezes com promessas de resultados expressivos em pouco tempo.

As armadilhas do dropshipping, disfarçadas de atalhos e promessas fáceis, podem levar à frustração, à perda de tempo e recursos, e até mesmo a problemas legais.

5.18.1 UM MUNDO DE ILUSÕES E FALSAS PROMESSAS.

A promessa de um negócio lucrativo sem precisar investir em estoque, gerenciar produtos ou lidar com logística pode ser tentadora, mas na maioria dos casos é apenas uma ilusão.

Acreditar em gurus do dropshipping que vendem cursos mirabolantes ou promessas de sucesso rápido pode levar o Dropzinheiro a se deparar com plataformas precárias, fornecedores não confiáveis e produtos de baixa qualidade, resultando em frustração, perda de dinheiro e danos à reputação.

A busca incessante pelo nicho de mercado perfeito, muitas vezes impulsionada por gurus e influenciadores, pode levar o Dropzinheiro a se perder em um mar de opções, adiando a ação e impedindo-o de encontrar um nicho viável e com potencial de lucro.

Essa busca desenfreada pode gerar indecisão, desperdício de tempo e recursos, e atrasar o início das operações da loja virtual.

A crença em fórmulas mágicas de marketing, promessas de tráfego instantâneo e ferramentas milagrosas pode levar o Dropzinheiro a investir em estratégias ineficazes e desperdiçar recursos valiosos.

É fundamental ter um conhecimento sólido das técnicas de marketing digital, investir em ferramentas confiáveis e adaptar as estratégias à realidade do nicho e do público-alvo para alcançar resultados consistentes e sustentáveis.

5.18.2 AS CONSEQUÊNCIAS DE SER VÍTIMA DAS ARMADILHAS.

As armadilhas do dropshipping podem ter consequências devastadoras para o negócio do Dropzinheiro e para o seu futuro profissional. Perda de dinheiro, frustração, danos à reputação, problemas legais e até mesmo o fim do negócio são apenas alguns exemplos dos desafios que podem surgir.

Dados alarmantes revelam a gravidade do problema. Uma pesquisa realizada indica que:

- 72% dos Dropzinheiros já perderam dinheiro com promessas falsas e cursos mirabolantes.

- 65% já se sentiram perdidos e sem saber por onde começar devido à quantidade de informações conflitantes disponíveis on-line.

- 54% já investiram em ferramentas e estratégias de marketing ineficazes.

- 39% já pensaram em desistir do dropshipping por causa das dificuldades e da falta de resultados.

5.18.3 UMA TRANSFORMAÇÃO ESSENCIAL.

Figura 28 – Embalagem criativa.

Para escapar das armadilhas do dropshipping e construir um negócio sólido e lucrativo, o Dropzinheiro precisa trilhar um caminho de pesquisa, planejamento, aprendizado contínuo e trabalho duro.

É fundamental:

- Validar a ideia de negócio e escolher um nicho viável: através de pesquisas de mercado e análise da concorrência, o Dropzinheiro deve validar a viabilidade do seu nicho de atuação, considerando a demanda por produtos, a lucratividade e o potencial de crescimento.

- Criar uma loja virtual profissional e confiável: investir em uma plataforma de e-commerce confiável, desenvolver um layout profissional e informativo, e garantir a segurança das transações on-line são essenciais para criar uma loja virtual que transmita credibilidade e atraia clientes.

- Encontrar fornecedores confiáveis e produtos de qualidade: a escolha de fornecedores confiáveis e produtos de alta qualidade é crucial para garantir a satisfação dos clientes e evitar problemas futuros. Pesquisar fornecedores com boa reputação, verificar avaliações de outros clientes e solicitar amostras dos produtos são medidas importantes para tomar decisões seguras.

- Implementar estratégias de marketing eficazes: investir em marketing digital é fundamental para atrair visitantes para a loja virtual e gerar conversões em vendas. É importante utilizar estratégias adequadas ao nicho de mercado e ao público-alvo, como SEO, anúncios pagos, marketing de conteúdo e mídias.

5.18.4   A RESPONSABILIDADE COMPARTILHADA.

A responsabilidade por um ambiente on-line mais justo e transparente para o dropshipping não recai apenas sobre o Dropzinheiro.

É preciso uma união de esforços por parte de:

- Plataformas de e-commerce: desenvolver ferramentas e recursos que facilitem a gestão da loja virtual, a integração com fornecedores, e a análise de dados para otimizar as vendas.

- Fornecedores: oferecer produtos de qualidade, com margens de lucro justas para os Dropzinheiros, e prestar um bom serviço de atendimento e logística para garantir a satisfação dos clientes finais.

- Comunidade do dropshipping: a união e a troca de conhecimentos entre Dropzinheiros, além do compartilhamento de boas práticas e da condenação de esquemas fraudulentos, são fundamentais para a profissionalização do setor e o combate às armadilhas que prejudicam a todos.

O Dropzinheiro bem-sucedido é aquele que navega por este mar de desafios com foco, perseverança e comprometimento com o aprendizado contínuo.

Ao investir em pesquisa, validar sua ideia de negócio, construir uma loja virtual confiável, selecionar fornecedores de qualidade e implementar estratégias de marketing bem-definidas, ele se torna um maestro do comércio virtual, capaz de transformar sua loja em uma fonte de renda sustentável e duradoura.

Ao abraçar a ética e a busca constante por conhecimento, o Dropzinheiro contribui para a construção de um futuro próspero para o dropshipping, um modelo de negócio que pode ser uma excelente opção para empreendedores iniciantes e experientes conquistarem a sonhada liberdade financeira no mundo do comércio eletrônico.

5.19 ILUSÕES E ARMADILHAS NO MUNDO DA IMPRESSÃO SOB DEMANDA.

A Impressão sob Demanda (POD) se apresenta como uma oportunidade promissora para empreendedores criativos, permitindo a venda de produtos personalizados sem a necessidade de investimentos em estoque.

Mas, por trás da promessa de liberdade e lucros fáceis, perigos ocultos se escondem, prontos para desviar até mesmo os profissionais mais experientes da rota do sucesso.

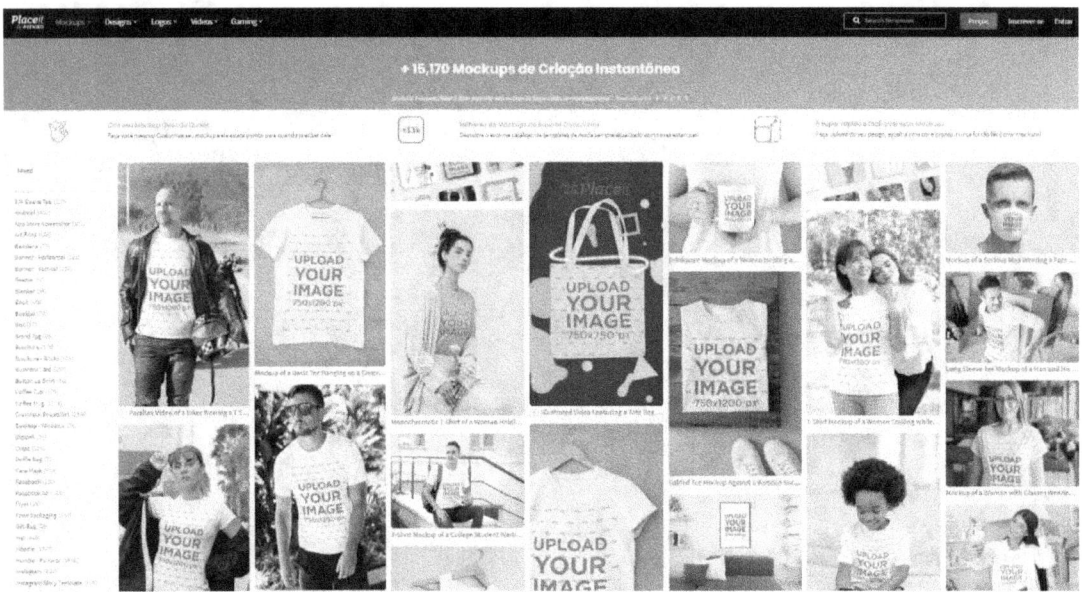

Figura 29 – Impressão sob demanda.

As armadilhas da POD, disfarçadas de atalhos e promessas vazias, podem levar à frustração, à perda de tempo e recursos, e até mesmo a problemas legais.

A crença de que a impressão sob demanda é um negócio "sem riscos" e que o sucesso é rápido e garantido pode levar o profissional a se aventurar sem planejamento adequado, cometendo erros básicos e negligenciando aspectos essenciais para a viabilidade do negócio.

Essa falsa facilidade pode gerar custos inesperados, produtos de baixa qualidade e vendas abaixo do esperado, resultando em frustração e prejuízos.

5.19.1 A TIRANIA DOS NICHOS: PERDENDO-SE EM UM MAR DE OPÇÕES.

A busca incessante pelo nicho de mercado perfeito, muitas vezes impulsionada por gurus e influenciadores, pode levar o profissional da impressão sob demanda a se perder em um mar de opções, adiando a ação e impedindo-o de encontrar um nicho viável e com potencial de lucro.

Essa busca desenfreada pode gerar indecisão, desperdício de tempo e recursos, e atrasar o início das operações do negócio.

A Ilusão do Marketing Mágico: Acreditando em Fórmulas Mágicas e Ferramentas

A crença em fórmulas mágicas de marketing, promessas de tráfego instantâneo e ferramentas milagrosas pode levar o profissional da impressão sob demanda a investir em estratégias ineficazes e desperdiçar recursos valiosos.

É fundamental ter um conhecimento sólido das técnicas de marketing digital, investir em ferramentas confiáveis e adaptar as estratégias à realidade do nicho e do público-alvo para alcançar resultados consistentes e sustentáveis.

5.19.2 AS CONSEQUÊNCIAS DE SER VÍTIMA DAS ARMADILHAS.

As armadilhas da impressão sob demanda podem ter consequências devastadoras para o negócio do profissional e para o seu futuro profissional. Perda de dinheiro, frustração, danos à reputação, problemas legais e até mesmo o fim do negócio são apenas alguns exemplos dos desafios que podem surgir.

Dados alarmantes revelam a gravidade do problema:

- 68% dos profissionais da impressão sob demanda já perderam dinheiro com promessas falsas e cursos mirabolantes.

- 61% já se sentiram perdidos e sem saber por onde começar devido à quantidade de informações conflitantes disponíveis on-line.

- 52% já investiram em ferramentas e estratégias de marketing ineficazes.

- 41% já pensaram em desistir da impressão sob demanda por causa das dificuldades e da falta de resultados.

5.19.3   UMA TRANSFORMAÇÃO ESSENCIAL.

Para escapar das armadilhas da impressão sob demanda e construir um negócio sólido e lucrativo, o profissional precisa trilhar um caminho de pesquisa, planejamento, aprendizado contínuo e trabalho duro.

É fundamental:

- Validar a ideia de negócio e escolher um nicho viável: através de pesquisas de mercado e análise da concorrência, o profissional da impressão sob demanda deve validar a viabilidade do seu nicho de atuação, considerando a demanda por produtos, a lucratividade e o potencial de crescimento.

- Criar uma loja virtual profissional e atraente: investir em uma plataforma de e-commerce confiável, desenvolver um layout profissional e informativo, e garantir a segurança das transações on-line são essenciais para criar uma loja virtual que transmita credibilidade e atraia clientes.

- Encontrar fornecedores confiáveis e produtos de qualidade: a escolha de fornecedores confiáveis e produtos de alta qualidade é crucial para garantir a satisfação dos clientes e evitar problemas futuros.

  Pesquisar fornecedores com boa reputação, verificar avaliações de outros clientes e solicitar amostras dos produtos são medidas importantes para tomar decisões seguras.

- Implementar estratégias de marketing eficazes: investir em marketing digital é fundamental para atrair visitantes para a loja virtual e gerar conversões em vendas.

  É importante utilizar estratégias adequadas ao nicho de mercado e ao público-alvo, como SEO, anúncios pagos, marketing de conteúdo e mídias sociais.

5.19.4   CONSTRUINDO UM IMPÉRIO CRIATIVO.

A responsabilidade por um ambiente on-line mais justo e transparente para a impressão sob demanda não recai apenas sobre o profissional do ramo.

É preciso uma união de esforços por parte de:

Plataformas de impressão sob demanda: desenvolver ferramentas e recursos que facilitem a criação de designs, a integração com fornecedores, a gestão de pedidos e o acompanhamento de métricas para otimizar as vendas.

Fornecedores: oferecer produtos de qualidade, com prazos de produção e entrega eficientes, e manter uma comunicação clara e transparente com os profissionais da POD.

Comunidade impressão sob demanda: a união e a troca de conhecimentos entre profissionais, além do compartilhamento de boas práticas e da condenação de designs plagiados, são fundamentais para a profissionalização do setor e a valorização do trabalho autoral.

O profissional de impressão sob demanda bem-sucedido é aquele que navega por este mar de desafios com foco, criatividade e comprometimento com o aprendizado contínuo.

Ao investir em pesquisa, validar sua ideia de negócio, construir uma loja virtual atraente, selecionar fornecedores de qualidade e implementar estratégias de marketing bem-definidas, ele se transforma em um empreendedor criativo.

Ele utiliza a impressão sob demanda como uma ferramenta para expressar sua arte e sua visão de mundo, conquistando seu público-alvo com designs autênticos e produtos de qualidade.

Ao abraçar a ética, a originalidade e a busca constante por conhecimento, o profissional da impressão sob demanda contribui para a construção de um futuro próspero para o segmento, onde a criatividade e o talento se transformam em sucesso no mundo do comércio eletrônico.

6 O FUTURO DAS PROFISSÕES ON-LINE E O IMPACTO DA INTELIGÊNCIA ARTIFICIAL E OPORTUNIDADES NA ERA DIGITAL.

A inteligência artificial (IA) está em constante evolução e já demonstra um impacto significativo no mercado de trabalho, inclusive nas profissões on-line.

Figura 30 – O futuro das profissões?

É fundamental analisar como essa tecnologia irá influenciar cada área de atuação, abrindo caminho para novas oportunidades e exigindo adaptações dos profissionais.

1. Produção Digital.

   Automação de Tarefas Repetitivas.

   Ferramentas de IA podem automatizar tarefas repetitivas como edição de imagens básicas, formatação de textos e criação de layouts simples, liberando tempo para que os profissionais se concentrem em atividades mais criativas e estratégicas.

Novas Ferramentas e Processos.

A IA possibilitará o desenvolvimento de ferramentas e processos inovadores, como a geração de imagens e vídeos a partir de texto, a criação de interfaces personalizadas e a análise automatizada de dados para otimizar campanhas.

2. Blogueiro.

Criação de Conteúdo Personalizado.

A IA pode auxiliar na criação de conteúdo personalizado para cada leitor, analisando seus interesses e hábitos de consumo. Isso pode ser feito por meio de chatbots, ferramentas de sugestão de tópicos e análise de dados de engajamento.

Otimização de SEO e Marketing.

Ferramentas de IA podem otimizar textos para SEO, sugerir palavras-chave relevantes e automatizar tarefas de marketing, como agendamento de posts nas redes sociais e análise de campanhas.

3. Assistente Virtual.

Automação de Tarefas Administrativas.

A IA pode automatizar tarefas administrativas como agendamento de reuniões, gerenciamento de e-mail, organização de calendários e pesquisa de informações.

Suporte ao Cliente Personalizado.

Chatbots com inteligência artificial podem oferecer suporte ao cliente 24/7, respondendo perguntas frequentes e resolvendo problemas simples.

4. Editor de Vídeos.

   Edição Automatizada.

   Ferramentas de IA podem automatizar tarefas básicas de edição, como corte de cenas, legendas e transições, liberando tempo para que os editores se concentrem em trabalhos mais criativos e complexos.

   Geração de Efeitos Especiais.

   A IA pode gerar efeitos especiais realistas, como animações 3D e composições complexas, otimizando o tempo de produção e expandindo as possibilidades criativas.

5. Programa de Afiliados.

   Seleção de Produtos Lucrativos.

   A IA pode auxiliar na seleção de produtos com maior potencial de venda, analisando dados de mercado, tendências de consumo e histórico de vendas.

   Otimização de Campanhas de Marketing.

   Ferramentas de IA podem otimizar campanhas de marketing, segmentando o público-alvo, personalizando anúncios e automatizando a análise de resultados.

6. Freelancer.

   Plataformas Inteligentes de Conexão.

   Plataformas com IA podem conectar freelancers com projetos mais adequados às suas habilidades e experiências, otimizando o tempo de busca por oportunidades.

   Automação de Propostas e Negociações.

   Ferramentas de IA podem automatizar a criação de propostas personalizadas, a negociação de preços e a gestão de contratos, liberando tempo para que os freelancers se concentrem no trabalho em si.

7. Narração de Livros em Áudio.

Edição Automatizada de Áudio.

A IA pode automatizar tarefas de edição de áudio, como remoção de ruídos, equalização e ajuste de volume, otimizando o tempo de produção e a qualidade do produto final.

Síntese de Voz Realista.

A tecnologia de síntese de voz com IA pode vir a narrar livros em áudio de forma indistinguível da voz humana, exigindo dos profissionais uma maior especialização em interpretação e direção de voz para audiobooks.

8. Loja Virtual.

Recomendação de Produtos.

A IA pode personalizar a experiência do usuário, recomendando produtos com base em seu histórico de navegação e compras, aumentando a taxa de conversão e fidelizando clientes.

Atendimento ao Cliente Virtual.

Chatbots com IA podem oferecer atendimento ao cliente 24/7, respondendo perguntas sobre produtos, resolvendo problemas simples e auxiliando na finalização de compras.

9. Sites de Compra e Venda.

Precificação Inteligente.

A IA pode sugerir preços dinâmicos para os produtos anunciados, considerando a oferta e demanda do mercado, aumentando a competitividade e lucratividade dos vendedores.

Detecção de Fraudes.

Ferramentas de IA podem detectar atividades suspeitas e fraudes nas plataformas de compra e venda, garantindo a segurança tanto para vendedores quanto para compradores.

10. Criador de Conteúdo para Web.

Assistência na Criação de Roteiros.

A IA pode auxiliar na criação de roteiros para vídeos e textos web, sugerindo tópicos, estruturando argumentos e fornecendo dados relevantes.

Edição Automatizada.

Ferramentas de IA podem realizar edições básicas de vídeo e imagem, liberando tempo para que os criadores se concentrem em aspectos mais criativos da produção.

11. Social Media.

Criação de Conteúdo Personalizado.

A IA pode auxiliar na criação de conteúdo personalizado para cada seguidor, analisando seus interesses, engajamento e comportamento on-line. Isso pode ser feito por meio de chatbots, ferramentas de sugestão de hashtags e análise de dados de performance.

Gerenciamento Inteligente de Campanhas.

Ferramentas de IA podem otimizar campanhas em redes sociais, segmentando o público-alvo, personalizando anúncios, automatizando a análise de resultados e identificando as melhores estratégias para cada plataforma.

12. Gestão de SEO.

Análise Avançada de Palavras-chave.

A IA pode realizar análises avançadas de palavras-chave, identificando oportunidades de nicho, tendências de busca e a competitividade dos termos.

Otimização Automatizada de Conteúdo.

Ferramentas de IA podem otimizar automaticamente o conteúdo dos sites para SEO, sugerindo palavras-chave relevantes, corrigindo erros gramaticais e ajustando a estrutura dos textos.

13. Gestão de Tráfego Pago.

Campanhas Personalizadas.

A IA pode criar campanhas personalizadas para cada público-alvo, segmentando com base em dados demográficos, interesses e comportamento on-line.

Otimização em Tempo Real.

Ferramentas de IA podem otimizar as campanhas em tempo real, ajustando lances, anúncios e palavras-chave para maximizar o retorno sobre o investimento (ROI).

14. Copywriter.

Geração de Ideias e Conteúdos.

A IA pode auxiliar na geração de ideias para textos, sugestão de títulos, tópicos e até mesmo na criação de rascunhos iniciais.

Análise de Sentimento.

Ferramentas de IA podem analisar o sentimento do público em relação a diferentes tipos de conteúdo, ajudando o copywriter a ajustar a linguagem e o tom dos textos para gerar maior engajamento.

15. Edição de Imagens.

Edição Automática.

Ferramentas de IA podem realizar edições básicas de imagens, como remoção de ruídos, ajuste de cores e redimensionamento.

Edição Criativa Assistida.

A IA pode auxiliar na edição criativa de imagens, sugerindo filtros, efeitos e composições, liberando tempo para que o editor se concentre em aspectos mais complexos da arte final.

16. Venda de Fotografias.

Curadoria Inteligente.

A IA pode auxiliar na curadoria de fotografias, selecionando as imagens com maior potencial de venda com base em critérios como qualidade, tendências e demanda do mercado.

Licenciamento Automatizado.

Ferramentas de IA podem automatizar o processo de licenciamento de fotos, agilizando as transações e garantindo a segurança tanto para fotógrafos quanto para compradores.

17. Professor Particular On-line.

- Personalização do Aprendizado.

A IA permite que os professores particulares on-line personalizem o aprendizado para atender às necessidades e estilos de aprendizagem individuais de cada aluno.

Através da análise de dados de desempenho, históricos de estudo e comportamentos durante as aulas, a IA pode identificar pontos fortes e fracos, sugerir conteúdos específicos e adaptar o ritmo das aulas, criando um plano de ensino personalizado para cada estudante.

- Feedback Imediato e Constante.

A IA possibilita a entrega de feedback imediato e constante aos alunos, fornecendo insights valiosos sobre seu desempenho e áreas que precisam de aprimoramento.

Isso pode ser feito através de ferramentas de reconhecimento de voz e análise de texto, que identificam erros gramaticais, problemas de pronúncia ou dificuldades na resolução de exercícios.

O feedback imediato ajuda os alunos a se corrigirem rapidamente, reforçando o aprendizado e evitando a cristalização de erros.

- Criação de Conteúdos Interativos e Engajadores.

A IA oferece uma gama de ferramentas para a criação de conteúdos interativos e envolventes, como jogos educativos, simulações, animações e vídeos personalizados.

Esses recursos tornam o aprendizado mais dinâmico e interessante, capturando a atenção dos alunos e aumentando o tempo de engajamento nas aulas.

A IA também pode auxiliar na criação de quizzes e avaliações interativas, permitindo que os professores acompanhem o progresso dos alunos de forma mais divertida e eficaz.

- Automação de Tarefas Repetitivas.

A IA pode automatizar tarefas repetitivas e administrativas, como correção de trabalhos, agendamento de aulas, envio de lembretes e organização de materiais didáticos.

Isso libera tempo valioso para que os professores se concentrem no que realmente importa: interagir com os alunos, fornecer mentoria individualizada e aprofundar o aprendizado em áreas específicas.

- Ampliação do Alcance e Flexibilidade.

A IA permite que os professores particulares on-line ampliem seu alcance e ofereçam aulas mais flexíveis.

Plataformas inteligentes podem conectar professores com alunos em diferentes localidades e horários, quebrando barreiras geográficas e temporais.

Além disso, a IA pode auxiliar na tradução simultânea de aulas, permitindo que professores atendam alunos de diferentes nacionalidades e línguas maternas.

- Gamificação do Aprendizado.

  A IA possibilita a gamificação do aprendizado, incorporando elementos de jogos e recompensas nas aulas on-line. Isso torna o estudo mais divertido e motivador, especialmente para os alunos que possuem dificuldades em se manter concentrados por longos períodos.

  Através de pontos, badges e rankings, os alunos se sentem desafiados e engajados, buscando alcançar novos níveis de aprendizado.

- Chatbots Inteligentes.

  Chatbots inteligentes alimentados por IA podem oferecer suporte personalizado aos alunos 24 horas por dia, 7 dias por semana.

  Isso garante que os alunos sempre tenham acesso a ajuda e orientação, mesmo fora do horário das aulas.

  Os chatbots podem responder dúvidas frequentes, fornecer materiais complementares e direcionar os alunos para os recursos mais adequados às suas necessidades.

- Análise de Dados e Insights Acionáveis.

  A IA permite a coleta e análise de dados valiosos sobre o desempenho dos alunos, o engajamento nas aulas e a efetividade das metodologias de ensino utilizadas.

  Através desses insights, os professores podem tomar decisões estratégicas para aprimorar suas aulas, identificar áreas que precisam de mais atenção e personalizar o aprendizado para cada aluno.

- Detecção de Emoções e Engajamento.

  Ferramentas de IA baseadas em reconhecimento facial e análise de voz podem detectar as emoções e o nível de engajamento dos alunos durante as aulas.

Isso permite que os professores identifiquem quando um aluno está confuso, desinteressado ou sobrecarregado e possam ajustar o ritmo e a abordagem da aula de acordo com a necessidade.

Por exemplo, se a IA detecta sinais de frustração em um aluno, o professor pode optar por explicar um conceito de forma mais simples ou oferecer exercícios adicionais para reforçar o aprendizado.

- Auxílio na Criação de Comunidades de Aprendizagem.

A IA pode auxiliar na criação e gestão de comunidades de aprendizagem on-line, onde os alunos podem interagir entre si, discutir dúvidas, compartilhar experiências e se apoiar mutuamente.

Essas comunidades proporcionam um ambiente colaborativo e estimulante, que fortalece o vínculo entre os alunos e contribui para o desenvolvimento de habilidades socioemocionais importantes.

18. Dropshipping.

Previsão de Demanda.

A IA pode prever a demanda de produtos, auxiliando na seleção de itens com maior potencial de vendas e evitando o estoque parado.

Otimização de Preços.

Ferramentas de IA podem sugerir preços dinâmicos para os produtos, considerando a oferta e demanda do mercado, aumentando a competitividade da loja virtual.

19. Impressão sob Demanda.

Criação de Designs Personalizados.

A IA pode auxiliar na criação de designs personalizados para produtos, sugerindo layouts, cores e elementos gráficos com base nas preferências do cliente.

Otimização de Imagens para Impressão.

Ferramentas de IA podem otimizar as imagens para impressão, garantindo qualidade e evitando problemas técnicos na hora da produção.

A inteligência artificial trará transformações significativas para todas as profissões on-line. É importante ressaltar que a IA não substituirá por completo a mão de obra humana, mas exigirá dos profissionais adaptação, especialização e constante aprendizado.

O futuro do trabalho on-line estará na junção das habilidades humanas, como criatividade e relacionamento interpessoal, com a eficiência e capacidade de processamento de dados da IA.

Investir em qualificação, buscar nichos específicos e desenvolver habilidades complementares serão diferenciais para os profissionais que desejam prosperar na era digital.

"A inovação distingue um líder de um seguidor."

Steve Jobs[7]

[7] Steve Jobs é uma figura icônica e cofundador da Apple Inc., sendo amplamente reconhecido por sua visão revolucionária e liderança no setor de tecnologia. Sua abordagem inovadora na criação de produtos como o iPhone, iPad e MacBook transformou diversas indústrias e moldou a forma como interagimos com a tecnologia no cotidiano. Jobs é reverenciado não apenas por suas contribuições técnicas, mas também por sua capacidade de impulsionar a inovação e desafiar o status quo, inspirando líderes e empreendedores ao redor do mundo.

7 CONHEÇA O AUTOR.

7.1 Prof. Marcão - Marcus Vinícius Pinto.

Figura 31 - O Valor do Capital Humano.

Minha trajetória profissional, rica em décadas de experiência em Ciência da Informação, Marketing e Educação, é um reflexo da minha incansável busca por aperfeiçoamento e compreensão aprofundada tanto das áreas tecnológicas quanto do intrincado funcionamento da mente humana.

Minha atuação como consultor, educador e escritor é marcada por uma firme dedicação à eficiência e coerência, valores que considero essenciais em qualquer processo de transmissão de conhecimento.

Vivendo com a ausência do pé esquerdo, encarei tal desafio não como uma limitação, mas como um estímulo constante para superações diárias e valorização da singularidade de cada indivíduo.

Cada obstáculo ultrapassado me permitiu enxergar novos horizontes e, sobretudo, aproveitar as oportunidades para inovar e contribuir de forma significativa para o avanço da ciência da informação.

Atualmente, alcanço um ponto crucial de consolidação em minha carreira profissional me dedicando a escrever, onde os temas em torno da ciência da informação me conduzem a oferecer uma visão perspicaz e abrangente sobre os complexos processos de armazenamento, organização e disseminação de dados.

Meus livros, artigos e videoaulas são ferramentas para desvendar e esclarecer as complexidades da Ciência da Informação em todas as suas formas.

Ao longo dos anos, envolvi-me profundamente em projetos de arquitetura da informação, engenharia de atributos e desenvolvimento de software. Utilizei diversas metodologias para assegurar eficiência e qualidade nas soluções criadas, sempre com um olhar atento para detalhes que permitem o aprimoramento contínuo.

A modelagem de dados, o *Data Warehouses* e a validação e gerenciamento de modelos estruturais estão entre os pilares do meu trabalho, fundamentando e solidificando os resultados que apresento.

Além das atividades empresariais onde ofereço soluções inovadoras para desafios complexos, dedico-me intensamente à disseminação de conhecimento. Minhas palestras, treinamentos e mentorias empresariais funcionam como canais para ampliar o entendimento e a aplicabilidade das estratégias que desenvolvo.

Paralelamente, meu papel como criador de conteúdo no YouTube me permite alcançar um público marcado pela curiosidade intelectual e ávido por inovação.

A plataforma me oferece a chance de dialogar de maneira dinâmica e interativa, abrindo espaço para debates sobre uma gama vasta de temáticas.

Minha jornada como autor de mais de 100 livros, todos disponibilizados na Amazon, Hotmart e outras plataformas digitais é um testemunho do meu compromisso contínuo com o aprendizado e a educação.

Esses livros são faróis de conhecimento, destinados a um público que busca compreender mais, questionar e avançar em suas próprias áreas de interesse.

Percebo a crescente importância dos cursos e livros on-line como instrumentos poderosos na educação contemporânea.

A inteligência artificial, por exemplo, tem trazido transformações significativas, permitindo que o aprendizado seja personalizado e acessível a um maior número de pessoas.

A substituição da sala de aula presencial por meios digitais é uma tendência que não apenas acompanha os avanços tecnológicos, mas também democratiza o conhecimento.

Minha preocupação em aprimorar o conhecimento das pessoas é incessante. Acredito que os livros e cursos on-line têm o potencial de alcançar corações e mentes de maneira eficaz, oferecendo flexibilidade e permitindo que cada indivíduo absorva a informação no próprio ritmo.

As plataformas digitais são para mim uma extensão natural do desejo de educar e proporcionar insights profundos.

Além do papel de educador e escritor, a dedicação à tecnologia e à eficiência instrutiva é uma constante na minha vida. Desenvolvo conteúdos e ferramentas que permitem às pessoas acessar informações úteis de maneira intuitiva.

A Ciência da Informação não é apenas um campo técnico, mas uma ponte entre a complexidade dos dados e a clareza do entendimento humano.

Portanto, minha missão é clara: estou sempre em busca de novas maneiras de comunicar, educar e inspirar.

Seja por meio de livros, vídeos, ou palestras, estou comprometido com o aprimoramento contínuo e com a construção de um legado de conhecimento duradouro.

A vida pessoal, igualmente significativa, me enche de felicidade e plenitude. Casado com Andréa desde 2008, desfruto de uma união repleta de alegria e companheirismo, que me energiza e me sustenta em todas as minhas empreitadas.

Encontro também na música, especialmente ao piano, uma fonte de paz e inspiração, que complementa minha jornada profissional e pessoal.

Assim, sigo como "um escritor em busca de um leitor", guiado pela paixão de compartilhar conhecimento e impulsionado pela crença de que cada insight compartilhado é uma semente plantada para um futuro mais esclarecido e inovador.

Um abraço do Prof. Marcão!
Um escritor em busca de um leitor.

7.2   Como contatar o Prof. Marcão.

Para palestras, treinamento e mentoria empresarial faça contato no meu perfil no LinkedIn ou pelo e-mail marcao.tecno@gmail.com.

Prof. Marcão – MARCUS VINÍCIUS PINTO
CONSULTORIA | MENTORIA | TREINAMENTO | PALESTRAS
marcao.tecno@gmail.com
https://bit.ly/linkedin_profmarcao

Seja meu seguidor e tenha acesso a conteúdos imperdíveis!

LIVROS E CURSOS → bit.ly/3UMg7E9

MEU CANAIS NO YOUTUBE:

Ars Cognitio → bit.ly/arscognitio

Governança de Dados → bit.ly/governançadedados

INSTAGRAM → bit.ly/3tpZ5kp

NEWSLETTER SEMANAL NO LINKEDIN → bit.ly/3RQTBs4

EMPRESA DE CONSULTORIA E TREINAMENTO →https://mvpconsult.com.br

PERFIL NO LINKEDIN → https://bit.ly/linkedin_profmarcao

PÁGINA DA MINHA EMPRESA NO LINKEDIN → https://bit.ly/4bn3bdA

Facebook

https://www.facebook.com/marcao.tecno/

https://www.facebook.com/o.y.da.questao/

X → @prof_marcao_bh

"Em um mundo inundado de informações irrelevantes, clareza é poder."

Yuval Noah Harari[8]

---

[8] Yuval Noah Harari é uma figura influente no campo dos estudos históricos e sociais contemporâneos. Suas obras, incluindo Sapiens: Uma Breve História da Humanidade, Homo Deus: Uma Breve História do Amanhã e 21 Lições para o Século 21, exploram a trajetória e o futuro da humanidade com uma abordagem multidisciplinar e acessível.

8   Coleções de livros do Prof. Marcão.

8.1   Coleção Dados Abertos.

Explore o mundo da abertura de dados governamentais com a série exclusiva de livros do Prof. Marcão, disponíveis agora na Amazon e na Hotmart!

1. Dados Abertos e Transparência Governamental. Este livro é o ponto de partida perfeito para entender os princípios dos dados abertos e sua aplicação na transparência governamental. O Prof. Marcão explora como a arquitetura dos dados abertos é construída e como isso impacta as práticas de transparência dos órgãos públicos.

2. Caderno 1 - Dados Abertos - Definições de Arquitetura. Neste primeiro caderno, o Prof. Marcão mergulha nas definições de arquitetura de dados abertos. Descubra os conceitos essenciais, frameworks e padrões adotados pelos principais projetos de dados abertos ao redor do mundo.

3. Caderno 2 - Dados Abertos - Análise Planos de Dados Abertos. Neste segundo caderno, o Prof. Marcão ensina como analisar planos de dados abertos existentes. Aprenda a identificar elementos essenciais, a avaliar sua efetividade e a sugerir melhorias para aprimorar a abertura e o uso dos dados governamentais.

4. Caderno 3 - Dados Abertos - Elaboração de Plano de Dados Abertos. Descubra como criar um plano de dados abertos eficaz neste terceiro caderno da série. Aqui você encontra orientações práticas sobre como elaborar um plano abrangente e alinhado às necessidades específicas de cada organização.

5. Caderno 4 - Dados Abertos - Planos de Ação. Dê vida ao seu plano de dados abertos com este caderno abrangente. O Prof. Marcão explica como criar e executar planos de ação eficientes, estabelecendo marcos, responsabilidades e prazos para alcançar os objetivos propostos.

6. Caderno 5 - Dados Abertos - *Datasets*. Explore a diversidade de datasets e aprenda a selecionar os mais relevantes para seu Portal de Dados Abertos. O Prof. Marcão apresenta diferentes tipos de dados abertos e oferece

insights sobre como acessar, limpar e analisar os datasets de forma eficiente.

7. Tudo de Dados Abertos. Um guia abrangente que reúne todos os conceitos e práticas relacionados aos dados abertos, oferecendo uma visão completa sobre o tema.

8. Dados Abertos - Todas as Perguntas. Encontre respostas para as dúvidas mais comuns sobre dados abertos nesta obra de referência, que aborda desde questões técnicas até aspectos legais e éticos relacionados à abertura de dados. Este livro é composto por 178 questões que o profissional ligado à abertura de dados governamentais precisa ter clareza. Com respostas que são verdadeiras aulas sobre o tema.

9. Dados Abertos - Glossário. Um recurso essencial que traz definições claras e concisas dos termos e conceitos fundamentais do universo dos dados abertos. O livro abrange 346 conceitos com explicações objetivas e sintéticas para maximizar sua compreensão.

10. Dados Abertos - *OpenQuiz*. Neste livro você tem 409 perguntas de múltipla escolha com respostas ao final do livro para você testar e fixar seus conhecimentos sobre o tema da abertura de dados governamentais.

11. Dados Abertos e Transparência Governamental. Perspectivas, cenários e planejamento. A proposta deste livro é ser um guia prático para capacitar o leitor a participar dos movimentos de abertura de dados governamentais.

12. Guia Rápido de Elaboração de Plano de Dados Abertos. este livro é um guia facilitador para elaboração de Plano de Dados Abertos – PDA – e é um resumo do Caderno 3 que contempla a completude da roteirização da elaboração de um PDA.

A coleção está disponível na Amazon e na Hotmart.

Para quem é esta coleção?

Esta série se destina a profissionais desenvolvedores de aplicações, acadêmicos, pesquisadores, jornalistas, analistas de sistemas, cientistas de dados, ONGs, órgãos públicos e cidadãos em geral que possuam familiaridade com tratamento de dados e que participam ou irão participar em processos de abertura de dados governamentais.

Figura 63 – Coleção Dados Abertos – Abertura de Dados Governamentais.

8.2   Coleção Governança de Dados.

Em nosso mundo pós-moderno, em que a quantidade de dados flui incessantemente pelos labirintos das tecnologias avançadas, a necessidade de domar essa torrente de bites e bytes e garantir sua qualidade e integridade nunca foi tão vital. Diante desse panorama, emergem desafios que exigem abordagens racionais e diligentes.

É nesse contexto que se insere esta coleção, obras que desvendam as complexidades e intricâncias da administração de dados, dando ênfase à auditoria de modelos de dados, abreviações, históricos, metadados, paradados e governança de dados.

No contexto desta narrativa, mergulhamos profundamente no vasto horizonte temático relacionado à administração de dados. Exploramos as técnicas e práticas que se alinham com a valorização dos dados, compreendendo que estes são o ouro do século XXI.

A despeito de sua aparente imaterialidade, os dados possuem enormes implicações para as organizações, informando suas ações, fundamentando suas decisões e sustentando suas estratégias.

A auditoria de modelos de dados, um pilar crítico nessa jornada, é abordada de forma minuciosa e profunda. Mergulharemos nas ferramentas e métodos que atuam como sentinelas rigorosas, garantindo que as estruturas de dados sejam robustas, coerentes e precisas.

Verdadeiros guardiões da integridade, estes auditores de modelos conferem a confiabilidade vital que sustenta toda a infraestrutura de informação.

Além disso, trazemos à tona as abreviações e seus intrincados significados nesse contexto. Essas simplificações linguísticas, embora encurtem nomes e conceitos, não podem abalar a eficiência e clareza do universo dos dados.

A governança de dados, tema central desta coleção, é a cola que mantém todos os elementos e conceitos abordados unidos em uma sinergia poderosa. A governança eficiente impulsiona a integração de processos e tecnologias, promovendo uma gestão sólida e garantindo a conformidade com normas e regulamentações.

À medida que nos aprofundamos nesse vasto oceano de conhecimento, somos levados a refletir sobre a abrangência da administração de dados em nossas sociedades modernas. A arte de governar dados se manifesta de forma sutil e sofisticada, permeando todos os aspectos de nossas vidas.

A explosão dos avanços tecnológicos e a crescente utilização de IA em diversos setores têm colocado em destaque a relevância dos dados como a matéria-prima essencial para o pleno sucesso destes projetos.

Neste cenário, a correta governança de dados se torna fundamental para garantir a qualidade, segurança.

O autor detalha a importância da qualidade dos dados, segurança, ética, políticas regulatórias, transparência, rastreabilidade e participação na governança dos dados.

Além disso, são abordados temas como administração de dados, capacidade e escalabilidade, treinamento e conscientização, conformidade legal, análise de impacto de dados, gerenciamento de mudanças, responsabilidade no uso de dados em IA, entre outros.

A coleção também destaca a necessidade de estruturar adequadamente as bases de dados para projetos de IA, além de diferenciar a governança de dados da gestão de dados e apresentar ferramentas e tecnologias específicas para a governança de dados.

Aspectos como segurança, privacidade, ética, transparência e conformidade legal são discutidos em detalhes, juntamente com as dificuldades atuais e as perspectivas para o futuro nesse campo em constante evolução.

Com uma abordagem prática e atualizada esta coleção é uma leitura essencial para profissionais que atuam com IA, Data Science, gestão da informação, administração de dados e governança de dados, bem como estudantes e pesquisadores interessados no tema.

Aqui você encontra insights valiosos e estratégias para alcançar o sucesso na implementação de projetos de IA por meio de uma governança de dados eficaz.

A coleção está disponível na Amazon e na Hotmart.

Para quem é esta coleção?

Esta coleção abrangente e especializada destina-se a profissionais e interessados em áreas como Inteligência Artificial, Data Science, Administração de Dados e Governança de Dados, oferecendo um mergulho profundo no universo vital e complexo dos dados no século XXI.

Figura 64 – Coleção Governança de Dados.

8.3   Coleção Inteligência Artificial.

Nos últimos anos, a Inteligência Artificial (IA) tem se estabelecido como uma das áreas mais emocionantes e inovadoras da ciência da computação e da tecnologia.

A capacidade de máquinas e algoritmos aprenderem, raciocinarem e tomarem decisões de forma autônoma está transformando profundamente diversos setores e impulsionando avanços exponenciais em diversas áreas.

Esta coleção vem preencher uma lacuna fundamental ao apresentar ao leitor uma visão abrangente e acessível sobre os principais conceitos, aplicações e desafios enfrentados na era da Inteligência Artificial.

Desde a importância da informação como matéria-prima essencial até a discussão sobre ética, privacidade de dados e o futuro promissor desta tecnologia, cada capítulo aborda de forma clara e detalhada aspectos fundamentais para compreender a IA e seu impacto na sociedade.

Ao acompanhar a evolução histórica da IA, desde seus primórdios até os representantes atuais e os avançados modelos de linguagem de grande escala, o leitor será levado em uma jornada fascinante através dos marcos históricos e das inovações tecnológicas que moldaram o cenário atual da IA.

Os temas abordados, tais como Machine Learning, Processamento de Linguagem Natural, Visão Computacional, Ética e Transparência em Projetos de IA, entre outros, foram cuidadosamente selecionados para fornecer uma visão abrangente e atualizada sobre a IA.

Além disso, a discussão sobre a importância dos dados, a estruturação correta de bases de dados e os desafios éticos e legais enfrentados na implementação de projetos de IA fornecem Insights valiosos para profissionais e pesquisadores da área.

Através de explicações claras, exemplos práticos e uma abordagem didática, esta coleção tem o objetivo de orientar o leitor em meio ao vasto e dinâmico campo da Inteligência Artificial, fornecendo conhecimentos essenciais e perspectivas abrangentes para aqueles que desejam compreender, aplicar e explorar todo o potencial e as possibilidades oferecidas por essa revolucionária tecnologia.

Além disso, as seções dedicadas à segurança e privacidade de dados, ética e compliance legal refletem a importância crescente de abordar essas questões de forma responsável e transparente no desenvolvimento e implementação de sistemas de IA.

A coleção também destaca a relevância da qualidade e confiabilidade dos dados, ressaltando a necessidade de estruturar adequadamente as bases de dados para garantir resultados precisos e confiáveis em projetos de IA. Com casos de estudo detalhados, como o do chat GPT, o leitor terá a oportunidade de explorar na prática como a estruturação e o modelo de dados podem impactar diretamente no desempenho e na segurança de sistemas de IA.

À medida que a Inteligência Artificial continua a desempenhar um papel cada vez mais central em nosso cotidiano, compreender os desafios, implicações éticas e oportunidades associadas a essa tecnologia se torna essencial para todos os envolvidos no seu desenvolvimento, implementação e regulamentação.

A coleção não apenas oferece um mergulho profundo nos conceitos essenciais e nas aplicações práticas da Inteligência Artificial, mas também alimenta reflexões sobre o futuro desta disciplina e seu impacto na sociedade e na humanidade como um todo.

Convido você, caro leitor, a se aventurar nas páginas desta coleção e explorar um universo de conhecimento e descobertas no fascinante mundo da Inteligência Artificial.

Não perca a oportunidade de aprender mais sobre a tecnologia que está mudando o mundo.

A coleção está disponível na Amazon e na Hotmart.

Para quem é esta coleção?

A coleção se destina a profissionais de tecnologia, estudantes, gestores, educadores e interessados em geral que desejam explorar e compreender o universo da inteligência artificial de forma acessível e abrangente.

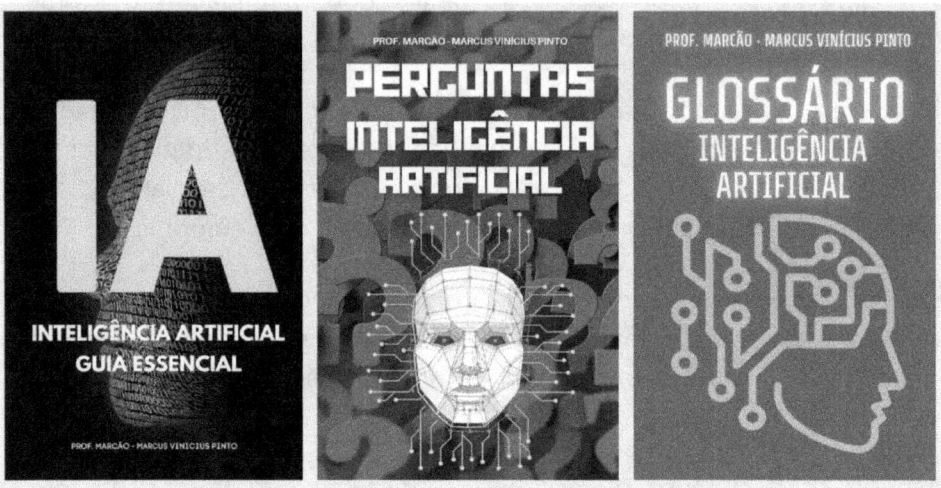

Figura 65 – Coleção Inteligência Artificial.

8.4   Coleção Big Data.

O Big Data mudou a forma como empresas e profissionais interagem com dados e informações. Neste contexto, a coleção Big Data emerge como um recurso essencial para todos aqueles que desejam dominar esse vasto campo.

Composta por seis obras detalhadas e estrategicamente estruturadas, a coleção promete não apenas esclarecer, mas também capacitar qualquer indivíduo que deseje transformar dados em ações estratégicas.

1. Simplificando o Big Data em 7 Capítulos é um livro que tem como objetivo ser um ponto de partida ideal para novatos e veteranos no campo do Big Data. A promessa de simplificação, dividida sabiamente em sete capítulos, permite ao leitor compreender conceitos complexos de forma clara e direta.

    A organização sistemática dos capítulos garante que a introdução ao Big Data seja feita de maneira gradual e compreensível, desmistificando mitos e quebrando barreiras iniciais.

    É o guia perfeito para entender o que é Big Data, sua importância e suas aplicações práticas.

2. Arquitetura de Big Data é destinado aos que desejam ir além dos conceitos básicos e entender as fundações técnicas. Este livro mergulha nas estruturas necessárias para coleta, armazenamento e processamento de grandes volumes de dados.

    Com exemplos práticos e casos de uso reais, o autor detalha como construir e manter uma infraestrutura robusta e eficiente. Leitores aprenderão sobre diferentes arquiteturas, suas vantagens e desvantagens, permitindo uma tomada de decisão informada sobre qual arquitetura adotar para diferentes necessidades.

3. Implementação de Big Data busca compreender a teoria por trás da arquitetura e seus desafios. "Implementação de Big Data" trata de guiar o leitor através das técnicas e ferramentas necessárias para colocar em prática os conceitos previamente aprendidos.

Este livro é um manual prático, repleto de instruções passo a passo para a implantação de projetos de Big Data.

Desde a seleção das ferramentas apropriadas até a execução de pipelines de dados, o leitor será equipado para enfrentar desafios reais no mundo da implementação.

4. Gestão de Big Data trata do gerenciamento eficaz do Big Data e vai além da implementação técnica, envolvendo governança, segurança e alocação eficaz de recursos. "Gestão de Big Data" aborda esses aspectos cruciais, proporcionando uma visão estratégica sobre como manter e otimizar operações de Big Data.

   Gerir grandes volumes de dados exige um entendimento profundo sobre hierarquias de dados, conformidade com regulamentações e políticas de segurança.

   Este livro propõe-se a capacitar gestores e líderes na criação de estratégias eficazes para garantir que os dados sejam não apenas bem administrados, mas também utilizados de forma a agregar valor contínuo para a organização.

5. Glossário de Big Data está repleto de terminologia específica e é uma ferramenta indispensável para navegantes desse vasto oceano de informações. Este livro fornece definições claras e concisas para uma ampla gama de termos técnicos e jargões, funcionando como um dicionário prático que pode ser consultado a qualquer momento.

6. 700 Perguntas sobre Big Data tem a função de conduzi-lo para uma prática guiada e oferece um banco de questões exaustivo que cobre uma gama diversificada de tópicos discutidos nos livros anteriores.

   Esta obra é desenhada não apenas para reforçar o conhecimento adquirido, mas também para preparar leitores para cenários reais e exames de certificação.

   As perguntas, acompanhadas de explicações detalhadas, permitem que o leitor revise e teste seu entendimento, identificando áreas que necessitam de mais estudo.

A coleção está disponível na Amazon e na Hotmart.

Para quem é esta coleção?

Esta coleção é destinada a um público diversificado e abrangente, incluindo profissionais de TI e Engenheiros de Dados, Gestores e Líderes de Projeto, Estudantes e Pesquisadores, bem como Empreendedores e Executivos.

Figura 66 – Coleção Big Data.

8.5   Coleção Processo de *Data Warehouse*.

O projeto de um *data warehouse* é uma empreitada de complexidade elevada para qualquer instituição, independentemente de seu porte e de seus orçamentos. Os custos, prazos e diversidades de conhecimentos envolvidos aumentam a pressão por resultados bem-sucedidos e rápidos.

A abordagem está centrada em um modelo de marcos que direciona o processo de desenvolvimento de *data mart*s, enquanto propõe um conjunto de artefatos para a coleta, registro e documentação dos aspectos funcionais, não-funcionais e multidimensionais que integram a solução.

A metodologia PDW – Processo de Data Warehousing, desenvolvida por mim, adotada em diversas instituições de ensino, incorpora as melhores práticas do modelo de Melhoria de Processo de Software Brasileiro - MPS.BR, do processo RUP – Rational Unified Process, da linguagem Unified Modeling Language – UML, do gerenciamento de projetos segundo o PMI – Project Managent Institute, da modelagem dimensional e da clássica modelagem de dados Entidade-Relacionamento – ER.

A metodologia PDW está estruturada em três vertentes principais.

A primeira vertente consiste na revisão da bibliografia relevante e envolveu uma análise abrangente e aprofundada da literatura existente sobre *data warehouse* e serviu de base para formular uma metodologia abrangente que contempla as melhores características e propondo soluções para problemas identificados em cada metodologia existente.

Ao explorar a revisão da bibliografia relevante, os profissionais ganham uma compreensão profunda das melhores práticas e dos conceitos fundamentais que sustentam a construção de *data warehouse*s efetivos. Esse conhecimento teórico é crucial para fundamentar as decisões estratégicas e técnicas ao longo do projeto.

Estão detalhados os conceitos fundamentais e os alicerces que sustentam a metodologia PDW.

O objetivo é proporcionar uma base teórica sólida, identificando as melhores práticas, tendências emergentes e estudos de caso que possam enriquecer e validar a proposta metodológica.

A segunda vertente consiste na apresentação detalhada da metodologia. Esta abordagem oferece uma descrição minuciosa e sistemática da metodologia PDW, delineando cada um dos seus componentes e fases.

A apresentação detalhada da metodologia fornece um roteiro claro e detalhado, abordando desde a concepção e design até a implementação e manutenção contínua.

Cada fase do processo é descrita com precisão, permitindo que os profissionais sigam um caminho estruturado e lógico, aumentando assim as chances de um resultado bem-sucedido.

São abordados aspectos técnicos, estratégicos e operacionais, assegurando que todos os passos necessários para o sucesso do projeto de *data warehouse* sejam contemplados.

A terceira vertente consiste na apresentação dos templates e artefatos auxiliares: para facilitar a implementação da metodologia, uma série de templates e outros artefatos auxiliares são disponibilizados.

Estes recursos padronizados incluem modelos de documentação, checklists, guias de melhores práticas e ferramentas de suporte, que ajudam a garantir consistência, eficiência e qualidade no desenvolvimento dos projetos.

Esses auxiliares atuam como guias práticos que simplificam o processo e contribuem para a mitigação de riscos e a obtenção de resultados mais previsíveis e bem-sucedidos.

Além disso, os templates e artefatos auxiliares oferecidos são ferramentas valiosas que facilitam a padronização e a eficiência do trabalho. Esses recursos ajudam a garantir que todas as etapas sejam cobertas de maneira consistente, reduzindo os riscos e promovendo a qualidade dos resultados.

A coleção está disponível na Amazon e na Hotmart.

Para quem é esta coleção?

A metodologia PDW é especialmente concebida para profissionais de tecnologia da informação e de *business intelligence* que se dedicam a projetos de desenvolvimento de *data mart*s, *data warehouse*s, *data lakes* e *big data*.

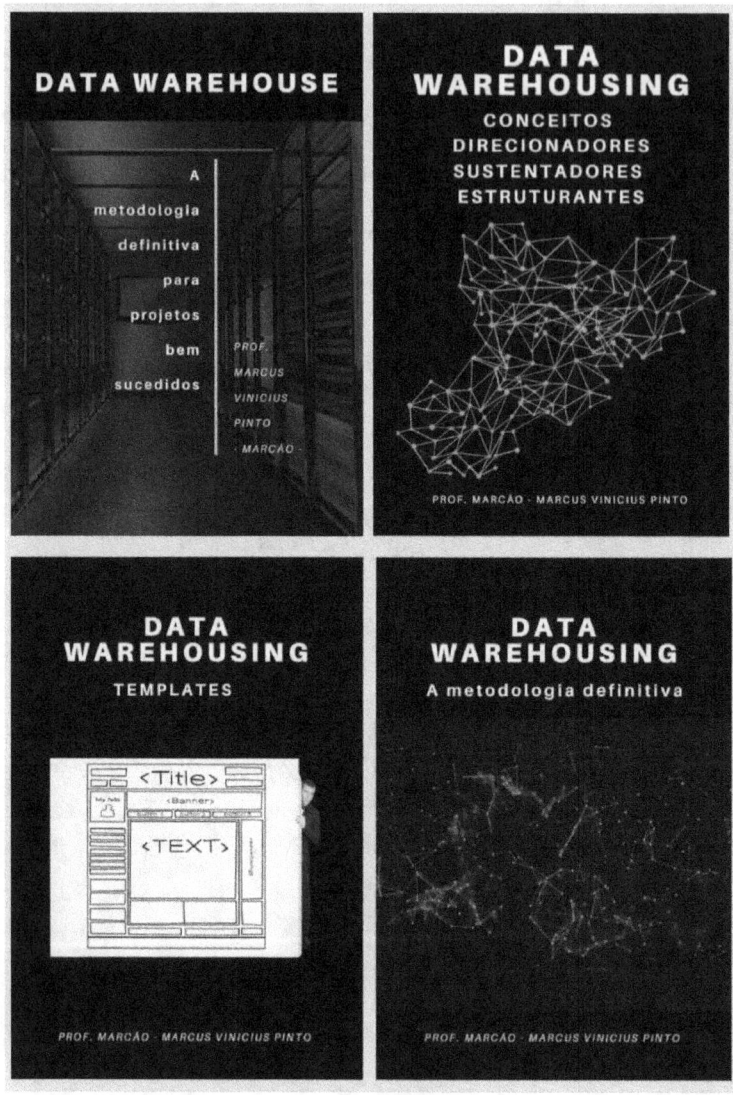

Figura 68 – Coleção Processo de Data Warehouse.

8.6   Coleção Ciência da Informação.

Explore o universo da ciência da informação com esta coleção especializada!

Seja bem-vindo à coleção de livros que irá expandir seus horizontes para o mundo da ciência da informação, padrões de nomeação e gestão da informação!

Nos dois primeiros livros da coleção, você terá a oportunidade de mergulhar em um universo fascinante que aborda os principais fundamentos para alcançar uma governança eficaz dos dados, garantir a integridade das informações e estabelecer padrões de nomeação consistentes.

Livro 1. Ciência da Informação, Tecnologia e Profissões em Tecnologia: conceitos explicados.

Descubra os segredos dos especialistas em governança de dados e aprenda a implementar práticas sólidas que garantam a qualidade e confiabilidade dos dados em sua organização.

Aprenda a estruturar e organizar seus dados de forma eficiente, gerenciar metadados vitais e aplicar medidas de segurança robustas para proteger informações sensíveis. Este livro é o ponto de partida ideal para quem deseja se destacar na área da gestão da informação.

Livro 2. Palavras e Abreviaturas: vocabulário controlado para dicionário de dados em projetos de bases de dados e modelagem de dados.

Mergulhe nos padrões de nomeação de dados, que são a base para uma gestão eficiente da informação.

Descubra como estabelecer uma nomenclatura coerente, consistente e fácil de entender, permitindo que todos na organização tenham uma visão clara sobre como os dados estão estruturados e como localizá-los facilmente.

Além disso, explore a importância da gestão da informação como um recurso estratégico para impulsionar o sucesso do negócio.

Por que adquirir esses livros?

- Conhecimento abrangente: aborda os fundamentos essenciais para a governança de dados e gestão da informação.

- Aplicabilidade prática: orientações práticas e insights valiosos para aprimorar seus conhecimentos.

- Base sólida para o sucesso: construa uma base sólida para o sucesso na governança de dados e gestão da informação.

A coleção está disponível na Amazon e na Hotmart.

Para quem é esta coleção?

Esta coleção especializada em Ciência da Informação, Padrões de Nomeação e Gestão da Informação é destinada a profissionais e estudantes que buscam aprimorar seus conhecimentos e habilidades na área de governança de dados, estruturação de informações e padrões de nomenclatura.

Seja parte da revolução dos dados e embarque nesta jornada enriquecedora rumo ao sucesso na governança de dados e na gestão da informação.

Desafie-se a ampliar seus conhecimentos!

Figura 69 – Coleção Ciência da Informação.

8.7 Coleção Joaquim Emanuel Pinfa.

Na Parte 1 - "Piadas do cotidiano", você vai se identificar com aquelas situações hilárias que acontecem no dia a dia de cada um de nós. Prepare-se para dar boas gargalhadas com histórias que poderiam muito bem ter saído da sua própria vida.

Já na Parte 2 - "Piadas temáticas", o riso é garantido com as situações mais absurdas e engraçadas sobre temas variados, desde profissões, passando por meios de transporte e tecnologia, cada página reserva uma surpresa diferente para arrancar risadas até dos mais sisudos!

Em seguida, na Parte 3 - "Inacreditáveis e Invenções", prepare-se para se surpreender com as piadas mais inusitadas e criativas que você já viu. Com histórias que desafiam a lógica e a realidade, você vai se pegar se perguntando: "Isso é sério mesmo?" Mas, no final das contas, o que importa é rir sem moderação!

E para fechar com chave de ouro, a Parte 4 - "Pequeno Dicionário Luso-Lusitano" vai te levar para uma viagem divertida pelas palavras e expressões mais características da nossa língua. Com definições irreverentes e brincadeiras linguísticas, você vai se divertir e aprender de uma forma leve e descontraída.

Se você deseja curar todas as suas preocupações, dissolver o estresse do dia a dia e encontrar a felicidade em forma de palavras e risos, então o livro "Gargalhaire ié o melhor med'camento" é a chave para abrir as portas do bom humor e da descontração em sua vida!

Deixe-se envolver pelas histórias hilárias, piadas contadas com maestria e surpresas que vão fazer você gargalhar como nunca. Afinal, rir é contagioso e funciona como terapia para mente e para o espírito.

Se você quer esquecer as preocupações, aliviar o estresse e encontrar felicidade através de palavras e risadas, então esta coleção é a sua dose de bom humor e descontração!

A coleção está disponível na Amazon e na Hotmart.

E tenha certeza de que Gargalhaire ié o melhor med'camento.

Figura 70 – Coleção Gargalhaire ié o melhor med'camento

8.8   Coleção Você Empreendedor.

Bem-vindo à série de livros que irá transformar sua mentalidade e impulsionar seu potencial empreendedor!

Nesta coleção abrangente, mergulhe em um universo de conhecimento que aborda os principais pilares para alcançar o sucesso: empreendedorismo, como se tornar um milionário na internet, motivação e resiliência.

Liberte seu potencial empreendedor e embarque nesta jornada rumo ao sucesso absoluto! Adquira agora a série completa e permita-se explorar as oportunidades ilimitadas que aguardam por você.

A coleção é composta por 5 livros:

A VERDADEIRA ATITUDE EMPREENDEDORA. Este livro foi cuidadosamente elaborado com o objetivo de oferecer ao leitor um vasto e rico conhecimento sobre o mundo empreendedor, com foco em estratégias, desafios e oportunidades para alcançar o tão almejado sucesso nos negócios.

OS TRÊS MOSQUETEIROS: A VISÃO APLICADA ÀS EMPRESAS. Esta obra, escrita em coautoria com meu grande amigo e escritor Luiz Roberto Fava, visa fornecer insights valiosos e práticos para aprimorar a atuação dos colaboradores em defesa dos interesses e da reputação da empresa. Neste livro, apresentamos estratégias e ferramentas essenciais para fortalecer a equipe, promover a integração e desenvolver habilidades de comunicação e resolução de conflitos inspirados no famoso brado "um por todos e todos por um".

CAPITAL HUMANO NO TRABALHO: O VALOR DA EXPERIÊNCIA. Destinado a todos os profissionais que buscam mais do que simples títulos e conteúdos superficiais. Se você deseja compreender como valorizar a experiência no mundo corporativo e empresarial, este livro é para você. Este livro nasceu da experiência do autor como empresário com o objetivo de atender a diferentes públicos que buscam mais do que um título e conteúdos sobre o valor da experiência como balizador da empregabilidade e da trabalhabilidade do profissional e da sua capacidade como empreendedor e intraempreendedor.

SEJA UM MILIONÁRIO NA INTERNET: CONHEÇA E PONHA EM PRÁTICA AS MELHORES FORMAS DE GANHAR DINHEIRO ON-LINE. Este livro é um compêndio de conhecimento essencial para aqueles que desejam prosperar na era da informação. Ao mergulhar nas páginas a seguir, você será apresentado a uma variedade de formas de rentabilizar seu tempo e talento na internet, seja criando produtos digitais, prestando serviços especializados ou explorando nichos de mercado promissores.

EMPREENDEDORES + EMPREENDEDORISMO = SUCESSO.: TUDO QUE VOCÊ PRECISA SABER PARA TER SUCESSO NO MUNDO EMPRESARIAL. Começar um negócio não é fácil. Crescer é ainda mais difícil. Você pode sentir que não está pronto para ter um negócio, mas se você chegou até aqui, você está.

Tudo começa com uma ideia, com a qual você está conectado e apaixonado. Se você conseguir transformar essa ideia em algo que resolva problemas do mundo real, estará no caminho certo para se tornar um empreendedor de sucesso.

A coleção está disponível na Amazon e na Hotmart.

Para quem é esta coleção?

Esta coleção é uma fonte abrangente de informações e orientações valiosas para aqueles que desejam empreender, inovar e alcançar o sucesso nos negócios.

Esteja preparado para absorver conhecimentos essenciais e inspiradores que certamente impulsionarão sua jornada empreendedora. Boa leitura e que o seu caminho empreendedor seja repleto de conquistas e realização.

Aventure-se na transformação pessoal e comece a construir seu legado hoje mesmo!

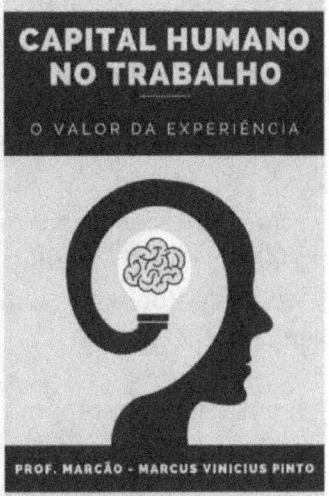

Figura 71 – Coleção você empreendedor.

8.9   Coleção Você Melhor.

Descubra sua Melhor Versão com a Coleção "Você Melhor"!

Composta pelos livros "Talentabilidade: Descubra e Desenvolva Seus Talentos Únicos", "A Mente em Constante Fase Beta: Potencialize seu Poder Mental", "Capacitação, Excelência e Sentido Profissional na Era da Inovação", "O Tempo nos Torna Inimigos" e "Mergulhe nas Soft Skills: Desenvolva Habilidades Essenciais para o Sucesso", cada obra foi cuidadosamente projetada para ajudá-lo a alcançar o seu máximo potencial.

Os livros também abrangem conceitos inovadores que enfatizam a importância de aprimorar suas habilidades e explorar talentos ocultos.

Você aprenderá a identificar suas aptidões únicas e encontrar maneiras de monetizá-las. Desafie-se a sair da zona de conforto e explore seu potencial máximo para alcançar o sucesso em qualquer campo que escolher.

E, é claro, não poderíamos deixar de lado a auto capacitação, uma jornada introspectiva rumo ao autodesenvolvimento. Explore técnicas comprovadas para melhorar sua inteligência emocional, autoconfiança e habilidades de tomada de decisão.

Descubra como superar a autossabotagem e adotar uma mentalidade de crescimento que o ajudará a conquistar seus objetivos mais ambiciosos.

TALENTABILIDADE: DESCUBRA E DESENVOLVA SEUS TALENTOS ÚNICOS.

> Neste livro, escrito em coautoria com meu grande amigo e escritor Luiz Roberto Fava, você será guiado a explorar e identificar seus talentos inatos, aprendendo a desenvolvê-los e aplicá-los de maneira eficaz em sua vida pessoal e profissional.

> Descubra como potencializar suas habilidades naturais para se destacar em sua área de atuação e alcançar o sucesso de forma autêntica e motivadora.

A MENTE EM CONSTANTE FASE BETA: POTENCIALIZE SEU PODER MENTAL.

> A mente é uma ferramenta poderosa, e neste livro, também escrito em coautoria com meu grande amigo e escritor Luiz Roberto Fava, você descobrirá

como explorar todo o seu potencial. Aprenda estratégias para desenvolver e fortalecer sua mente, potencializando sua capacidade de concentração, criatividade e resiliência.

Prepare-se para alcançar seus objetivos de forma mais assertiva e realizar conquistas significativas.

Figura 72 – Talentabilidade: descubra e desenvolva seus talentos únicos e A mente em constante fase beta: potencialize seu poder mental.

Figura 32 - Mergulhe nas soft skills: desenvolva habilidades essenciais para o sucesso e Capacitação, excelência e sentido profissional na era da inovação.

CAPACITAÇÃO, EXCELÊNCIA E SENTIDO PROFISSIONAL NA ERA DA INOVAÇÃO.

Com a rápida evolução do mercado de trabalho, é essencial se manter atualizado e sempre em busca de excelência profissional.

Neste livro, você encontrará insights valiosos sobre como se capacitar continuamente, manter a excelência em suas atividades e encontrar sentido e propósito em sua carreira, mesmo em meio a um cenário de constante inovação.

MERGULHE NAS SOFT SKILLS: DESENVOLVA HABILIDADES ESSENCIAIS PARA O SUCESSO.

As soft skills, ou habilidades interpessoais, são fundamentais para o sucesso em qualquer área profissional. Em "Mergulhe nas Soft Skills", você será conduzido a aprimorar habilidades como comunicação eficaz, trabalho em equipe, pensamento crítico, empatia e resolução de problemas.

Essas habilidades são essenciais para construir relacionamentos sólidos, resolver conflitos de forma construtiva e alcançar seus objetivos de maneira colaborativa.

Figura 67 – O Tempo nos Torna Inimigos.

O TEMPO NOS TORNA INIMIGOS.

Este livro oferece um olhar fascinante sobre as várias maneiras pelas quais o tempo e as relações estão entrelaçadas. O autor aborda a incômoda questão – "É possível viver em uma relação em que o tempo já transformou os participantes em inimigos?"

Com capítulos abrangentes que se aprofundam em tudo, desde os tipos de inimigos – desde o inimigo gerado pelo rompimento de um relacionamento, ao inimigo cuja amizade foi traída, passando por personagens como o "inimigo virtual" – até o impacto do tempo na deterioração dos relacionamentos e nas máscaras sociais que erguemos, este livro desafiará a maneira como você percebe suas próprias experiências e relacionamentos.

Cada livro da coleção "Você Melhor" oferece um mergulho profundo em aspectos essenciais para seu crescimento pessoal e profissional. Seja elevando seus talentos naturais, fortalecendo sua mente, encontrando significado em sua carreira ou aprimorando suas habilidades interpessoais, esses livros são um guia abrangente e inspirador para ajudá-lo a alcançar seu potencial máximo.

Esta coleção está disponível na Hotmart e na Udemy.

Para quem é esta coleção?

A coleção "Você Melhor" é indicada para qualquer pessoa que esteja em busca de autoaperfeiçoamento, crescimento pessoal e profissional. Desde estudantes em início de carreira até profissionais experientes que desejam aprimorar suas habilidades e alcançar novos patamares de sucesso, essa coleção oferece insights valiosos, orientações práticas e ferramentas essenciais para aqueles que desejam se tornar a melhor versão de si mesmos.

Se você busca desenvolver suas habilidades, potencializar sua mente, encontrar significado em sua carreira e aprimorar suas habilidades interpessoais, a coleção "Você Melhor" é o guia ideal para impulsionar sua jornada de autodescoberta e crescimento pessoal.

A coleção está disponível na Amazon e na Hotmart.

8.10 Curso em videoaulas + ebook gratuito. COMO SER UM PROFISSIONAL NA INTERNET.

No curso "Como ser um profissional na internet", elaborado com base em minha experiência, você terá acesso a um conteúdo abrangente e inspirador para aqueles que desejam se tornar empreendedores digitais de sucesso.

Este curso foi especialmente desenvolvido para quem almeja ser seu próprio chefe, trabalhando de casa e buscando autonomia financeira, sem a necessidade de grandes investimentos iniciais.

No decorrer do curso, você explorará as 19 principais formas de ganhar dinheiro como profissional on-line, podendo identificar aquelas que mais se adéquam ao seu perfil e objetivos.

Independentemente de sua condição atual, as alternativas apresentadas foram selecionadas por sua acessibilidade e potencial de sucesso para a maioria das pessoas. Todas as oportunidades abordadas são legítimas e éticas, garantindo que você possa construir uma carreira sólida e honesta na web, sem cair em esquemas fraudulentos.

Além das opções tradicionais de trabalho on-line, o curso também aborda as novas profissões emergentes e apresenta 7 estratégias de planejamento fundamentais para o sucesso nesse ambiente digital em constante evolução.

Com o conhecimento adquirido neste curso e seu comprometimento em trabalhar com foco e dedicação, você estará preparado para navegar no universo on-line com confiança e alcançar seus objetivos profissionais de forma consistente.

Neste curso eu trago para você 51 aulas distribuídas em 11 módulos.

São 51 videoaulas que totalizam mais de 2 horas de aulas, 113 arquivos adicionais para você fazer download e 16 livros indicados.

Tudo para enriquecer esta sua busca daquilo que fará de você um profissional bem-sucedido na Internet.

Este curso é indicado para indivíduos de todas as idades, desde jovens em busca de seu primeiro emprego até profissionais em transição de carreira ou aposentados que desejam explorar novas oportunidades na internet.

Através das estratégias e orientações detalhadas disponíveis, você terá a chance de alcançar o sucesso profissional, desfrutando da flexibilidade de horários, baixos custos de manutenção do negócio e a possibilidade de se conectar com pessoas de todo o mundo, criando uma rotina de trabalho estimulante e valiosa.

Ao adquirir os conhecimentos oferecidos neste curso, você se capacitará para ingressar em uma jornada de transformação e crescimento profissional através da internet, aproveitando as inúmeras oportunidades que ela proporciona.

O e-book "Como ser um profissional na internet" serve como um guia detalhado para aqueles que desejam compreender e explorar as diversas possibilidades de ganhar dinheiro on-line de maneira ética e sustentável.

Com uma abordagem prática e fundamentada, você será orientado a construir sua carreira digital de forma estruturada, enfatizando a importância do trabalho focado e consistente para alcançar os resultados desejados.

Este curso está disponível na Hotmart e na Udemy.

Para quem é esta coleção?

Portanto, se você busca flexibilidade, autonomia financeira e a oportunidade de criar uma carreira alinhada com seu estilo de vida, este curso é ideal para você. Independentemente da idade ou experiência profissional, o curso "Como ser um profissional na internet" oferece as ferramentas e estratégias necessárias para você transformar seu futuro e se destacar no vasto mundo digital.

Aprenda como ganhar dinheiro na internet de maneira honesta e eficaz, e inicie sua jornada rumo ao sucesso profissional on-line hoje mesmo!

Figura 73 – Curso em videoaulas + ebook gratuito. COMO SER UM PROFISSIONAL NA INTERNET.

8.11 Curso em videoaulas. GARANTA-SE NO MERCADO DE TRABALHO ATUAL E FUTURO.

O curso "Garanta-se no mercado de trabalho atual e futuro" é uma formação abrangente e essencial para quem deseja se destacar e se manter competitivo no dinâmico cenário profissional contemporâneo.

Ele aborda detalhadamente diversas habilidades e conhecimentos críticos para assegurar a empregabilidade diante das transformações provocadas pela tecnologia e pela inteligência artificial.

Conteúdo do Curso:

- Habilidades necessárias no mercado de trabalho do futuro: explora quais competências serão altamente valorizadas em um ambiente de trabalho cada vez mais automatizado e tecnológico.

- Inteligência artificial e tecnologia da informação: analisa como a IA está moldando o mercado de trabalho, influenciando desde a criação de novas profissões até a extinção de funções tradicionais.

- O futuro do mercado de trabalho: fornece uma visão abrangente sobre as previsões e tendências para o futuro do trabalho.

- Trabalho em home office: discute as vantagens, desafios e melhores práticas para trabalhar remotamente, uma tendência que cresceu exponencialmente nos últimos anos.

- O conceito de informação: aborda a evolução e a importância da informação no contexto atual, destacando como ela é gerada, compartilhada e utilizada.

- O que acontece em um minuto na internet: ilustra o massivo volume de dados e atividades que ocorrem on-line a cada 60 segundos, destacando a importância da agilidade e da adaptabilidade.

- Profissões em desaparecimento e emergência: examina quais carreiras estão em declínio e quais estão surgindo, oferecendo uma orientação valiosa para escolhas de carreira.

- Características humanas que garantem empregos no futuro: identifica quais atributos humanos, como criatividade e empatia, continuarão a ser demandados independentemente dos avanços tecnológicos.

- Habilidades para garantir sua empregabilidade futura: enfatiza o desenvolvimento de competências específicas que aumentarão suas chances de ser contratado, incluindo gestão de tempo, comunicação eficaz e pensamento crítico.

Infraestrutura Educacional:

- Videoaulas: o curso é composto por 32 videoaulas detalhadas que fornecem uma visão profunda de cada tópico.

- Testes: são oferecidos 4 testes para avaliar e reforçar o conhecimento adquirido ao longo do curso.

Público-Alvo:

- Profissionais em busca de aprimoramento: ideal para qualquer pessoa, com ou sem experiência, que deseje adquirir habilidades valiosas para se manter relevante e competitiva no mercado de trabalho atual e futuro.

- Profissionais em transição de carreira: indicado para aqueles que estão buscando se reinventar profissionalmente, seja em busca do primeiro emprego, de recolocação no mercado ou de oportunidades em áreas relacionadas à tecnologia da informação.

Ao completar o curso, os alunos estarão aptos a aprimorar seus currículos, aumentar sua empregabilidade e se destacar diante dos recrutadores das melhores empresas. Com as habilidades adquiridas, eles estarão mais preparados para enfrentar os desafios e aproveitar as oportunidades do mercado de trabalho em constante evolução.

Este curso está disponível na Hotmart e na Udemy.

Não perca a oportunidade de investir em seu futuro profissional e garantir sua posição no mercado de trabalho do presente e do futuro. Matricule-se agora e esteja um passo à frente na busca por uma carreira de sucesso e impacto.

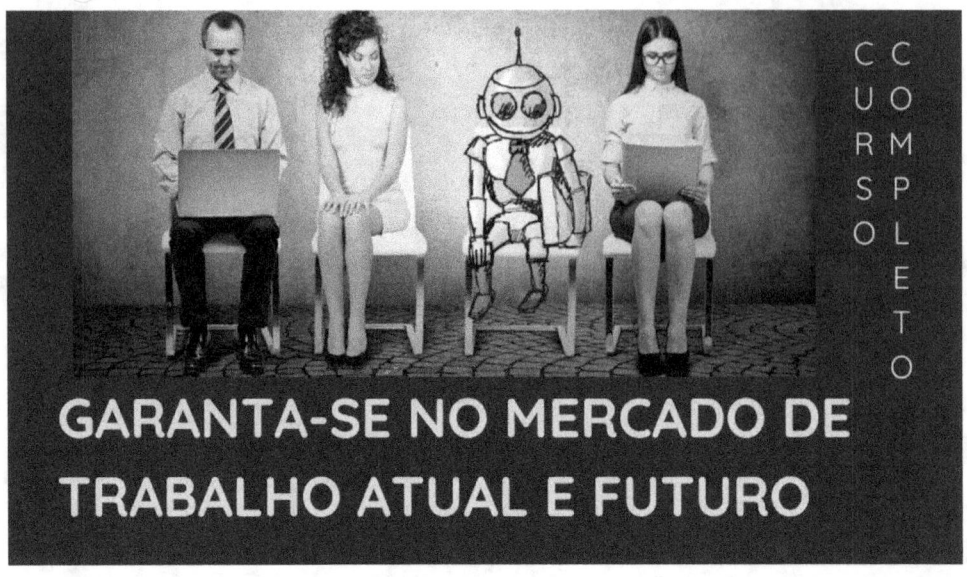

Figura 33 - Curso em videoaulas. GARANTA-SE NO MERCADO DE TRABALHO ATUAL E FUTURO.

"Na vida não existem soluções fáceis. apenas escolhas éticas."

Michael Bloomberg[9]

---

[9] Michael Bloomberg é um empresário, político e filantropo americano. Ele é o fundador e CEO da Bloomberg L.P., uma empresa de serviços financeiros e de mídia, e também foi prefeito da cidade de Nova York por três mandatos.

9   BIBLIOGRAFIA.

A extensa bibliografia a seguir, que inserimos em neste livro, apesar do conteúdo aparentemente mais conciso, foram cuidadosamente selecionadas e utilizadas em meu estudo para elaborar o curso que está diante de você, contribuindo significativamente para a fundamentação teórica e embasamento prático das informações apresentadas.

Entendo a importância de respaldar a abordagem com fontes confiáveis e relevantes, e é por isso que incluí essa vasta lista de referências, que abrange uma variedade de obras, estudos acadêmicos, artigos especializados e pesquisas relevantes no campo de estudo abordado.

As referências bibliográficas estão à disposição dos leitores que desejarem aprofundar seus estudos, realizar pesquisas adicionais e aprimorar seu conhecimento sobre os temas tratados.

Essas fontes podem servir como ponto de partida para investigações mais aprofundadas, análises críticas e reflexões pessoais, enriquecendo ainda mais sua jornada de aprendizado e crescimento.

Minha intenção ao disponibilizar essa bibliografia é fornecer a você recursos valiosos e confiáveis, que contribuam não apenas para a compreensão do conteúdo apresentado, mas também para estimular uma abordagem crítica e reflexiva em relação aos temas discutidos.

Acredito que o acesso a essas fontes de informação é essencial para promover um aprendizado significativo e estimulante, permitindo que você amplie seus horizontes e aprofunde seu conhecimento de forma autônoma e enriquecedora.

Fique à vontade para explorar a bibliografia disponibilizada e mergulhar ainda mais fundo nos assuntos abordados.

Estou certo de que essas fontes serão de grande utilidade para enriquecer sua compreensão e expandir seus conhecimentos sobre o tema em questão.

9.1 Referências Bibliográficas.

ALMEIDA, Júlia (2019). Marketing de Conteúdo para Profissionais da Internet. Rio de Janeiro: Elsevier.

ALONSO, Cristina (2021). Influencers y marketing digital: estrategias para el éxito profesional. México DF: Trillas.

ANDERSON, Chris (2009). Free: The Future of a Radical Price. New York: Hyperion.

ANDRADE, Felipe (2018). Negócios digitais: como transformar seu trabalho utilizando a internet. Rio de Janeiro: Alta Books.

ANDREWS, Deborah (2016). Social Media, Digital Humanities, and the Future of Scholarship. New York: Palgrave Macmillan.

ARAÚJO, Carolina (2017). Design de carreira para profissionais da internet. Belo Horizonte: Editora UFMG.

BAKSHI, Hasan (2013). Creative Economy Report 2013: Widening Local Development Pathways. United Nations Development Programme.

BAPTISTA, Maria do Rosário (2019). Teletrabalho: um estudo sobre a profissão na era digital. São Paulo: Atlas.

BARRETO, Letícia (2018). Carreira e internet: possibilidades e desafios. Belo Horizonte: Autêntica.

BROWN, John Seely (2017). Design Unbound: Designing for Emergence in a White Water World. Cambridge: MIT Press.

CABRERA, Lorena (2019). La transformación digital y su impacto en las carreras. Bogotá: ECOE Ediciones.

CAMPOS, Renato (2020). Trabalho remoto e a transformação das relações profissionais. Curitiba: Appris.

CANO, María (2017). Trabajo y tecnología: la evolución del empleo en la era digital. Bogotá: Alfaomega.

CARVALHO, Ana Martins (2020). Profissões do futuro: os desafios da era digital. Rio de Janeiro: Nova Fronteira.

CASTELLS, Manuel (2010). The Rise of the Network Society: The Information Age: Economy, Society, and Culture. Oxford: Wiley-Blackwell.

COSTA, Renata (2019). Trabalhadores digitais: novos paradigmas e demandas. Salvador: EDUFBA.

CYRULNIK, B. (2004). Os imperativos da resiliência: elementos para uma sociologia da adaptação. Porto Alegre: Artmed.

DAVIDSON, Cathy N. (2011). Now You See It: How the Brain Science of Attention Will Transform the Way We Live, Work, and Learn. New York: Viking.

DOWNES, Larry (2014). Big Bang Disruption: Strategy in the Age of Devastating Innovation. New York: Portfolio.

DUARTE, João (2018). Economia digital e novas formas de trabalho. Porto Alegre: Artmed.

FERNANDES, Laura (2018). Crescimento profissional na era das mídias sociais. Florianópolis: Letras Contemporâneas.

FERNÁNDEZ, José Manuel (2018). La nueva profesionalización en el entorno digital. Buenos Aires: Granica.

FIGUEIREDO, Carla (2021). Profissões digitais e mercado de trabalho. Belo Horizonte: Editora PUC Minas.

FREITAS, Ana Carolina (2017). Trabalhos emergentes na internet. Salvador: EDUFBA.

GARCÍA, Luis Fernando (2018). El marketing de contenidos y su impacto en las carreras digitales. Buenos Aires: La Crujía.

GARE, Arran (2019). The Philosophical Foundations of Ecological Civilization: A Manifesto for the Future. London: Routledge.

GILBERT, Chris (2018). The Gig Economy: The End of Employment and the Future of Work. San Francisco: Berrett-Koehler Publishers.

GONÇALVES, Pedro (2019). A evolução das profissões na era digital. Recife: Editora UFPE.

GONZÁLEZ, Marta (2017). El trabajo en la era digital: desafíos y oportunidades. Lima: PUCP.

GUTIÉRREZ-RUBÍ, Antoni (2012). Tecnopolítica: La democracia digital y la nueva esfera pública. Barcelona: Paidós.

HERNÁNDEZ, Ricardo (2020). Marketing digital y nuevas profesiones. Caracas: Fondo Editorial.

HORNBORG, Alf (2017). Global Magic: Technologies of Appropriation from Ancient Rome to Wall Street. New York: Palgrave Macmillan.

JOHANSSON, Frans (2012). The Click Moment: Seizing Opportunity in an Unpredictable World. New York: Portfolio/Penguin.

KANE, Gerald (2019). The Technology Fallacy: How People Are the Real Key to Digital Transformation. Cambridge: MIT Press.

KELLY, Kevin (2016). The Inevitable: Understanding the 12 Technological Forces That Will Shape Our Future. New York: Viking.

LANIER, Jaron (2013). Who Owns the Future?. New York: Simon & Schuster.

LIMA, Tatiana Andrade (2017). Marketing digital para carreiras: como a internet transforma profissões. Campinas: Papirus.

LOPES, Mariana (2019). Economía digital y nuevas oportunidades laborales. Madrid: McGraw.

LOPES, Ricardo (2018). Profissões emergentes na era da internet. Brasília: Editora UnB.

MACHADO, Fernanda (2020). Novas carreiras e o impacto da tecnologia. São Paulo: Summus Editorial.

MARTÍ, Jorge (2021). El futuro del trabajo: tendencias y nuevas profesiones digitales. México DF: Fondo de Cultura Económica.

MARTÍNEZ, Juan (2016). Profesiones 2.0: cómo la internet está transformando el mercado laboral. Santiago: Editorial Universitaria.

MEDEIROS, Juliana (2021). Influenciadores e empreendedorismo digital: novas fronteiras da comunicação. Fortaleza: Expressão Gráfica.

MÉNDEZ, Jorge (2020). Innovación y empleo digital: nuevas perspectivas profesionales. Caracas: Monte Ávila Editores.

MENDONÇA, Ricardo (2020). Transformações no mercado de trabalho: perspectivas digitais. Manaus: Valer.

MERINO, Ana (2015). Comunicación y nuevas profesiones en la era digital. Sevilla: Alfar.

MEYER, Eric (2019). Work in the Digital Age: Challenges of the Fourth Industrial Revolution. Oxford: Oxford University Press.

MOLINA, Carmen (2020). Las nuevas formas de trabajo en la era digital. Santiago: Catalonia.

MORGAN, Jacob (2017). The Employee Experience Advantage: How to Win the War for Talent by Giving Employees the Workspaces They Want, the Tools They Need, and a Culture They Can Celebrate. Hoboken: Wiley.

NOGUEIRA, Maria (2017). Empregabilidade e internet: desafios da nova era. São Paulo: Cortez.

OLIVEIRA, João Paulo (2020). Empreendedorismo digital: inovação e sustentabilidade. Porto Alegre: Bookman.

PEREIRA, Isabel Cristina (2021). Influenciadores digitais: o novo mercado de trabalho. São Paulo: SENAC.

PÉREZ, Santiago (2019). El auge de los trabajos digitales: oportunidades y desafíos. Montevideo: Planeta.

PETERS, Michael (2017). Technological Unemployment and the Future of Work. New York: Routledge.

PINHEIRO, Aline (2021). Trabalhos digitais: novas práticas profissionais. Brasília: Embrapa.

RAMOS, Felipe (2021). Tecnología y empleo: redefiniendo las carreras profesionales. Madrid: Alianza Editorial.

RIES, Eric (2011). The Lean Startup: How Today's Entrepreneurs Use Continuous Innovation to Create Radically Successful Businesses. New York: Crown Business.

RIFKIN, Jeremy (2014). The Zero Marginal Cost Society: The Internet of Things, the Collaborative Commons, and the Eclipse of Capitalism. New York: Palgrave Macmillan.

RODRIGUES, Helena (2019). Redes sociais e profissões digitais no Brasil. São Paulo: Scortecci.

RODRÍGUEZ, Esteban (2017). La revolución del trabajo: la digitalización y sus efectos en el empleo. Quito: Ediciones Continental.

ROMERO, Luis (2020). Emprendimiento digital: Innovación y adaptabilidad en la era de la información. Madrid: ESIC Editorial.

ROSS, Alec (2016). The Industries of the Future. New York: Simon & Schuster.

SANTOS, Júlio (2016). A era digital e o futuro das profissões. Curitiba: Juruá Editora.

SAVAGE, Mike (2020). Digital Economy: Rethinking Work and Place in the Internet Age. London: Sage Publications.

SHIRKY, Clay (2010). Cognitive Surplus: How Technology Makes Consumers into Collaborators. New York: Penguin Press.

SIERRA, Jennifer (2019). El teletrabajo y su impacto en las profesiones modernas. Madrid: Pirámide.

SILVA, Maria Clara (2021). Profissão Youtuber: entre o infotainment e a profissionalização no Brasil. Revista Brasileira de Estudos da Comunicação, v. 2, n. 4, p. 215-233.

STEINMETZ, Katy (2016). Digital Nomads: How Tech and Globalization Are Changing the World of Work. New York: Time Inc. Books.

SUSSKIND, Richard. SUSSKIND, Daniel (2015). The Future of the Professions: How Technology Will Transform the Work of Human Experts. Oxford: Oxford University Press.

SWEETS, Michael (2018). New Professions in the Digital Environment. Chicago: University of Chicago Press.

TORRES, Pilar (2018). Redefiniendo el trabajo: el impacto de la tecnología y la digitalización. Barcelona: Ariel.

VILLEGAS, Adriana (2018). Profesiones digitales: el futuro del trabajo en la red. Buenos Aires: Suramericana.

WARREN, Patrick (2021). Digital Work: Transforming Business Practices and Professional Identities. London: Sage Publications.

Figura 34 – Vamos valorizar os professores.

"Na vida não existem soluções fáceis. apenas escolhas éticas."

Michael Bloomberg[10]

---

[10] Michael Bloomberg é um empresário, político e filantropo americano. Ele é o fundador e CEO da Bloomberg L.P., uma empresa de serviços financeiros e de mídia, e também foi prefeito da cidade de Nova York por três mandatos.

www.ingramcontent.com/pod-product-compliance
Lightning Source LLC
Chambersburg PA
CBHW082233220526
45479CB00005B/1213